Que faire de simple aujourd'hui pour manger mieux... ...et moins de viande

Conception originale, création des recettes, photographies :
Maquettes Graffitlab.com,
Illustration de couverture : Erick Duhamel
Editions Chronoprint.Auteurs : Annabelle Delaval
Auteurs :
Annabelle Delaval
Arnold Weislo

Edition 2017
Imprimé en U.E
N° ISBN: 979-10-91872-06-5

Editions CHRONOPRINT

Que faire de *simple* aujourd'hui pour manger *moins* de viande ?.. manger *raisonnablement*

Comme vous, chaque jour j'en apprends un peu plus sur les conséquences d'une mauvaise alimentation, sans comprendre toutes les «subtilités» des perturbations possibles sur la santé... et je deviens méfiante...tout en restant gourmande!

Manger moins de viande? Plus de légumes?
Mais comment faire pour changer ses habitudes simplement?

En revenant à de bonnes pratiques pour préparer le repas, pour toute la famille ou pour 1 personne seule, et en choisissant moi-même les ingrédients. **C'EST MOI QUI CHOISIS MON CARBURANT !**

Manque de temps, manque de curiosité, petit budget, pas complétement toqué de cuisine, nous avons tous de bonnes excuses pour **«manger sans réfléchir»...**
Sauver la planète, produire moins de viande, acheter local, et surtout, garder le sourire !
Tout un programme !
Et la même question revient chaque jour : **QU'EST-CE QU'ON MANGE ?**

Alors c'est avec ma gourmandise et mon envie de partager que j'ai conçu ce livre pour manger SIMPLE, MIEUX et **sans mettre la viande à tous les repas.**

Si les produits BIO apportent aujourd'hui une réponse à ce **besoin de nature,** il faut rassurer (et rassasier) les plus attachés au steak-frites quotidien, (et les préparations à base de soja ne séduisent pas tout le monde...) et continuer d'être curieux.

Sans vouloir devenir de purs VEGETARIENS, nous pouvons retrouver maintenant **LE LIBRE PLAISIR** de manger, en toute conscience, et profiter au maximum **des bienfaits des autres produits que la viande.**
C'est plus simple que vous ne le pensez!
Je vous propose de tester aujourd'hui, ces recettes faciles, pour la plupart inédites, au gré des saisons et de vos envies.

Manger *mieux* en 6 points

avec les conseils nutritionnels du Docteur Jean-Michel Lecerf

J'ai conçu ces recettes, articulées en 12 chapitres, pour cuisiner simplement en appliquant quelques règles très faciles à suivre.

❶ **Réduire la quantité de viande au profit de la qualité**, augmenter et **varier les autres ingrédients d'origine végétale** ou les produits de la mer.

❷ **Choisir des produits locaux et non transformés,** des produits **bio et naturels**, des produits bruts **sans emballage** (plus besoin de déchiffrer la liste des ingrédients sur l'emballage des produits préparés industriellement, et **je sais ce qu'il y a dans mon assiette**).

❸ **Préparer des plats simples en « portions »** dans des plats individuels ou à l'assiette (c'est comme au restaurant… en plus personnel).

❹ **Utiliser les nouveaux ingrédients** dont je n'ai pas l'habitude et qui seront **une nouvelle source de protéines**, laits et jus végétaux, nouveaux accompagnements, farines et huiles variées, et autres produits **qui ne sont pas des GRAINES POUR LES OISEAUX** mais de vrais trésors de qualités nutritionnelles, des exhausteurs de goût et des conservateurs naturels !

❺ **Eviter le gâchis, recycler** les restes du repas correctement conservés au frais, **préparer un peu plus et congeler** 1 ou 2 parts.

❻ **Rester à l'écoute de mes besoins vitaux,** rester en connexion avec la nature et **consommer des produits de saison**, et arrêter de se laisser nourrir par le marketing agro-alimentaire, en un mot : **se faire plaisir!!!**

Annabelle Delaval

Comment *choisir* vos recettes

ACCOMPAGNEMENT
ces recettes proposent des accompagnements nouveaux, pour compléter un autre plat.

PRODUIT LAITIER
ces recettes utilisent des produits laitiers

VÉGÉTARIEN
ces recettes utilisent essentiellement des produits végétaux, et peuvent également contenir des produits laitiers ou des eufs.

POISSON
ces recettes utilisent essentiellement des produits végétaux, et du poisson

PORTION
ces recettes peuvent facilement être adaptées pour une personne seule, en divisant par 4 les quantités d'ingrédients.

AVEC VIANDE
ces recettes utilisent des produits d'origine animale.

PLAT COMPLET
ces recettes permettent de réaliser un plat complet, sans autre besoin d'accompagnement.

Votre *nouvelle* assiette

LES REDUCTEURS DE VIANDE :
OH LES BELLES PROTEINES!

- Les poissons (petits de préférence)
- Les œufs (tortilla chorizo, cocotte œuf mozza)
- Les produits riches en protéines végétales (céréales, légumineuses, graines oléagineuses)
- Les assemblages originaux qui donnent déjà envie de manger et rassasient le regard, en poêlées, en cocottes... et les soupes "garnies".

LES PRESENTATIONS & LA BELLE QUANTITÉ

- Servir à l'assiette, en portions "individuelles"
- Les mini-cocottes (elles conservent le vrai goût des légumes…)
- Les légumes farcis (c'est joli et on a moins de vaisselle)
- Les plats complets présentés à table ou servis dans des récipients individuels (bols, assiette à dessert, petits bocaux de verre, petits plats individuels, grands verre à vin etc).

OSONS

- Les nouveaux accompagnements.
- Les nouveaux modes de préparation.
- Les nouveaux assaisonnements.
- Congeler les portions quand il en reste.
- Donner une deuxième vie en recuisinant les restes.

SANTÉ

des protéines oui mais….

Après le succès des autres tomes de la collection, il fallait passer aux choses sérieuses.
Pas celles qui fâchent, mais celles qui nous réconcilient encore plus avec la nourriture.

Alors les protéines, c'est le bon créneau !
On ne peut s'en passer, pour autant faut-il s'en gaver ? La viande, prototype des protéines d'origine animale n'a pas d'exclusivité. Cependant pour bon nombre de nos contemporains à l'imagination défaillante, quand on parle protéines c'est elle qui vient à l'esprit et se propulse dans l'assiette. Pour autant elle a sa place. Loin de nous l'idée de nous engouffrer dans une alternative exclusivement végétale qui nous fermerait à l'immense variété culinaire qu'offre une alimentation omnivore. Mais il convient de lui redonner (à cette viande), une place raisonnable, plus modeste mais sûrement pas absente.

Alors comment faire pour que chacun y trouve son compte si ce n'est en faisant un peu de place aux autres sources de protéines animales, poisson et produits de la pêche, œufs, produits laitiers, charcuterie ; mais aussi aux aliments sources de protéines végétales sans en faire tout un plat ?

La variété est une fois de plus la clé absolue de l'équilibre alimentaire : rien n'est plus important. Et rien n'est plus plaisant. Il y en a ainsi pour tous les goûts, toutes les bourses, tous les talents.
Oui il ne faut pas manger trop de viande, car elle ne détient pas toutes les qualités nutritionnelles. Varions, associons, combinons toutes les richesses que nous apportent notre terroir et notre gastronomie. Sans tomber dans les recettes des « grands » chefs, souvent impossibles à réaliser chez soi.

Et surtout n'oublions pas que la fonction de l'alimentation n'est pas uniquement de nous nourrir mais aussi de nous réjouir et de nous réunir.
Cet ouvrage donne le bon ton, il ouvre nos horizons, et éveille nos papilles. Cela passe par un détour en cuisine.
Mais cela vaut… le détour précisément

Docteur Jean-Michel LECERF
Service de Nutrition
Institut Pasteur de Lille

INDEX

12 chapitres
pour manger mieux et moins de viande
Les recettes sont conçues pour 4 personnes

les assiettes

Les préparations à l'assiette… c'est « comme au restaurant »… mais en mieux !

Composez votre assiette comme un tableau avec des couleurs, des textures différentes; et un simple assemblage de crudités devient **un plat plaisir.**

LES POINTS FORTS

avec les conseils nutritionnels du Docteur Jean-Michel Lecerf

L'assiette inspiration INDIENNE

Prototype du plat végétarien, voire même du repas végétarien équilibré avec son riz et ses lentilles (l'Inde est le premier pays consommateur de lentilles !), assurant la fameuse complémentation des protéines végétales, avec le yaourt le prototype des laits fermentés, les oléagineux (pistaches et avocats), les légumes et les fruits, les épices multiples (curry, coriandre, curcuma) : tout y est dans les bonnes proportions. Il ne manque rien avec le plaisir en cadeau, pour le grand bonheur de l'équilibre alimentaire.

Assiette de la MER

Un véritable florilège de poissons mêlés, presque une bouillabaisse, sauf qu'ils ne nagent pas dans le bouillon. On les reconnait et on les aime pour ce qu'ils sont, savoureux et plein de bonnes choses : les poissons sont un véritable concentré de protéines de qualité, mais aussi de vitamines du groupe B, de zinc, de sélénium et surtout d'iode.

Quant aux poissons gras (maquereau et saumon) ils gagnent la palme des oméga 3. Un peu de fromage (ricotta) un peu de féculents (pomme de terre) et autres légumes et le tour est joué.

Assiette complète au BŒUF MARINÉ

Pourquoi bouder son plaisir ? Quand le bœuf est savoureux il est inégalé. Mariné il est tendre, et fond sous la langue. Ses qualités on les connait, des protéines, du zinc et surtout du fer bien assimilable. L'épeautre est une variété de blé rustique, croquant à souhait, comme le céleri branche, de quoi marier les textures avec le fromage blanc, doux comme chacun sait.

Assiette FROMAGÈRE

Le plateau de fromage est toujours un succès garanti. Fermentés, ces fromages de terroir réjouissent le palais. Pourquoi s'en priver, sans abuser cependant.

Les protéines laitières sont leur fort et conviennent à tous les âges à partir de …1 an ! Les fromages sont des sources majeures de calcium et de centaines d'autres composés précieux pour le corps. Mais les oléagineux se marient merveilleusement à ces fromages goûteux, apportant d'autres nutriments précieux tels que le magnésium.

ÉPICÉ

FRAIS

EQUILIBRE

La belle quantité

Quand tout y est, pourquoi aller chercher ailleurs. Voilà le bon principe de la belle quantité pour les « belles assiettes » qui nous sont proposées.

Par petites touches, une petite quantité de plusieurs aliments différents nous fait goûter à tout. Rien n'est en trop, alors on mange, on déguste, on passe à autre chose et on s'arrête parce que c'est bon et que ça nous a fait plaisir !

Qualités nutritionnelles et bénéfices pour la santé

Ce qui frappe ici ce sont les douces associations entre aliments protidiques, dans un plat végétarien telle l'assiette indienne, produits laitiers, légumes, fruits, fruits oléagineux, épices. Pas d'ostracisme, pas d'exclusion ; de l'ouverture.

Les petits plus des assiettes

Des vinaigrettes originales, élaborées variées et originales associant vinaigre de cidre, de pomme, de riz… huiles, baies roses, câpres, citron,. De quoi relever des plats déjà bien marqués. Petit « coucou » physiologique : le vinaigre en ralentissant le vidange gastrique, abaisse l'index glycémique du plat !

les assiettes

Assiette inspiration indienne

INGRÉDIENTS

Préparation : 20 mn
Cuisson comprise

300 g de lentilles cuites (soit 150 g de lentilles crues)
150 g de chou-fleur cru râpé (1/2 petit chou-fleur)
10 cl de nectar de fruit
5 brins de coriandre fraîche
1 ou 2 yaourts (de brebis)
150 g de pistaches non salées et décortiquées
2 avocats
100 g de riz basmati cuit
2 C. à soupe de raisins secs
1 C. à soupe de curcuma
1 C. à café de curry

Pour la vinaigrette

6 C. à soupe d'huile.
4 C. à soupe de vinaigre de pommes
10 cl de nectar de fruit (pêche ou abricot)
1 C. à café de curry.
½ C. à café de cumin en poudre (facultatif). Quelques feuilles de coriandre fraîche + un peu de jus de citron

❶ **Faites cuire le riz** 11 mn dans l'eau salée. **Faites cuire 150 g de lentilles** dans 5 fois leur volume d'eau salée **avec le curcuma** pendant 15 mn.

❷ Lavez et **râpez le ½ chou-fleur, ajoutez les raisins secs et les pistaches** grossièrement écrasées. Quand les lentilles sont cuites, égouttez-les, rafraîchissez-les et réservez dans la casserole.
Mélangez le yaourt et la coriandre lavée et ciselée.
Pelez l'avocat, coupez-le en lamelles et **arrosez de jus de citron.**

❸ **Faites la vinaigrette** en mélangeant 6 C. à soupe d'huile d'olive + 4 C. à soupe de vinaigre + le curry + le cumin + 1 pincée de sel + poivre. Ajoutez le nectar de fruit et remuez énergiquement.

❹ **Assemblez dans chaque assiette :** le riz, les lentilles, l'avocat tranché, le chou-fleur râpé, et garnissez de sauce au yaourt. Arrosez le chou-fleur de vinaigrette. **Décorez de feuilles de coriandre ciselées et de quelques pistaches** entières et 1 pincée de curcuma.

Chacun ajoutera ou non un peu de vinaigrette, ou de yaourt à la coriandre selon ses goûts.

Assiette de la Mer

Préparation : 20 mn
Cuisson comprise

INGRÉDIENTS

- huile, vinaigre de cidre
- 300 g de pommes de terre
- 1 bulbe de fenouil
- ½ oignon
- 3 échalotes
- 1 citron
- baies roses
- 2 tiges de céleri
- quelques pousses d'épinards frais (ou salade de mâche)
- 100 g de ricotta
- cranberries séchées
- 2 C. à soupe de câpres au vinaigre
- 150 g de haddock fumé
- 3 petits filets de maquereau mariné ou fumé (250 g)
- 4 tranches de saumon fumé

❶ **Brossez les pommes de terre** sous l'eau froide et **faites-les cuire 10 mn** dans l'eau bouillante salée, pensez à les rafraîchir après cuisson.

❷ **Coupez en gros dés** le maquereau et le haddock

❸ Lavez et **détaillez le céleri et le fenouil.** Lavez les pousses d'épinards à l'eau froide.
Pelez et **ciselez les échalotes.**

❹ **Epluchez et coupez les pommes de terre** en rondelles, mélangez-les dans un saladier avec les câpres, les échalotes, le ½ oignon émincé, le céleri et le fenouil. Arrosez de 2 C. à soupe d'huile d'olive+ 2 C. à soupe de vinaigre. Mélangez.

❺ **Mélangez la ricotta et les baies roses.**

❻ **Répartissez** dans chaque assiette, les pousses d'épinards, la salade de pommes de terre, les tranches de saumon, les dés de maquereau et de haddock, la ricotta aux baies roses, et les cranberries.
Proposez des pains variés aux céréales, grillés ou non, ainsi que des échalotes ciselées présentées dans un peu de vinaigre de vin (oui oui, comme pour les huîtres).

Assiette complète au boeuf mariné

INGRÉDIENTS

Préparation : 45 mn
Cuisson comprise

INGRÉDIENTS pour la marinade :
6 C. à soupe d'huile
2 gousses d'ail pilées
4 C. à soupe de vinaigre de riz
gingembre frais émincé
1 C. à soupe de sauce soja
baies de poivre
quelques feuilles de coriandre.

❶ **Faites cuire le petit épeautre dans l'eau salée 25 mn. Faites chauffer une casserole d'eau** non salée **pour les pâtes de riz.**

❷ **Préparez la marinade**
6 C. à soupe d'huile, 2 gousses d'ail pilées,
4 C. à soupe de vinaigre de riz, 2 cm de gingembre frais émincé, 1 C. à soupe de Sauce soja, baies de poivre, + quelques feuilles de coriandre ciselée.

❸ **Coupez la viande** en fines lamelles et laisser tremper 30 mn dans la marinade.

❹ **Plongez les pâtes de riz dans l'eau** froide, puis plongez-les dans la casserole d'eau très chaude, laissez hors du feu pendant 5 mn.

❺ **Epluchez et râpez le ½ céleri,** arrosez-le de jus de citron.
Mélangez le fromage blanc et la moutarde, et mélangez avec le céleri.

❻ **Râpez le chou** rouge et arrosez de vinaigre de pomme. Après avoir égoutté la viande de la marinade, faites chauffer une poêle à feu vif, et **cuisez rapidement la viande** (pas plus de 4 mn). Ecrasez les noix de cajou, ajoutez-les à la viande, puis retirez la poêle du feu.

❼ **Présentez les assiettes** en répartissant tous les ingrédients et présentez avec un bol de vinaigrette + éventuellement une sauce au fromage blanc :
4 C. à soupe de fromage blanc, et 2 C. à café de moutarde.
Décorez de quelques feuilles de coriandre fraîche ciselée

Assiette fromagère

Préparation : 20 mn
Cuisson comprise

INGRÉDIENTS

2 bâtons de céleri

1 pomme «Granny»

un peu de salade (chicorée, mâche, trévise)

1 endive

1 grappe de raisin

Quelques fruits ou baies séchées (abricots/cranberries/ananas/raisins secs…)

370 g environ de fromages assortis

noix + noisettes + amandes mondées (sans la peau)

graines de cumin

+ 2 C. à soupe de fromage blanc

EXEMPLE d'assortiment de fromages

50 g de roquefort
80 g de tomme de chèvre
80 g de comté
80 g de mimolette
80 g de cantal

❶ **Lavez la grappe de raisin** et partagez-la en 4.

❷ Lavez les bâtons de céleri et coupez-les en 4. Lavez et effeuillez l'endive. **Lavez la pomme et coupez-la en 4.** Lavez et ciselez la salade.

❸ **Ecrasez le fromage bleu** (roquefort) avec 2 C. à **soupe de fromage blanc,** lissez bien l'ensemble et **remplissez les feuilles d'endive,** décorez d'un cerneau de noix.
Coupez les fromages en 4 parts égales.

❹ **Répartissez** les feuilles de **salade dans les assiettes.** Placez le raisin, la feuille d'endive garnie et les morceaux de fromage.

❺ **Répartissez** les autres ingrédients : **fruits secs et fruits séchés, bâtons de céleri.**

❻ **Servez en proposant une sauce à la moutarde** et sans huile (mélangez un yaourt de brebis avec une cuillère à soupe de moutarde), un choix de **pains grillés** ou non, et un bon beurre de baratte.

Vous pouvez également réaliser les bâtonnets feuilletés au parmesan présentés dans le chapître «Tapas-entrées».

les petits gratins

En petits plats individuels, c'est une invitation à la créativité... les petits pats dans les grands!

Essayez de nouveaux fromages pour vos gratins, le bleu **plus goûteux**, le parmesan **plus craquant**, le chèvre **plus léger**...

LES POINTS FORTS

De nouvelles combinaisons d'ingrédients en gratin, en voici 4 exemples. **Patate douce. Moules. Poireaux. Les flocons de quinoa : une manière idéale d'apporter + de protéines à un gratin de légumes.**

ORIGINAL

CONVIVIAL

ÉCONOMIQUE

Gratin de moules aux poireaux

On ne sait pas pourquoi ils vont bien ensemble, mais c'est un fait souvent constaté : moules et poireaux sont bien assortis, le bon mariage.

Les moules, voilà un aliment nourrissant et léger à la fois. Les qualités des produits de la pêche : des protéines, de l'iode, de bons acides gras, et peu de calories. Alors la béchamel a toute sa raison d'être là à leur côté. Pour relever encore plus des échalotes et du vin blanc. Servez des pâtes al dente et vous aurez là vraiment le plat complet.

Gratin de céleri au curry

Le sucré-salé est un classique de la cuisine française, mais aussi internationale. Rien de tel que des fruits, ici les pommes, pour assurer ce goût délicatement sucré quand elles sont cuites.

Le quinoa a bonne presse, cette céréale amérindienne, arrivée récemment chez nous, délicate et croquante à la fois.

Mais c'est ici le céleri qui donne le ton, le « la ». Cette racine est étonnante, avec sa saveur inégalée. Le mélange est détonnant.

Gratin de chou et cancoillotte

Les vertus du chou sont innombrables. On sait aussi que certains de ses composés sont des anti-cancérogènes. Alors pourquoi s'en passer ?

Quant à la cancoillotte c'est un fromage particulier de l'Est de la France, un ultra léger. Il peut alors supporter les lardons qui nous font vraiment penser, avec le chou, aux plats de l'Est. Un peu de gras, cela fait du bien aussi. Les noix une autre source de graisses mais pas les mêmes, plutôt des insaturées (pour faire savant), notamment un acide gras oméga 3 végétal (l'acide alphalinolénique pour faire encore plus savant !) remarquable, bénéfique pour la santé ; le sésame encore un oléagineux dont la saveur est incomparable.

Patate douce et morue salée

Patate, elle n'en a que le nom, tant elle diffère de sa cousine la pomme de terre. Elle est particulièrement riche en vitamine A, une vitamine précieuse pour la vision. Sa douceur contraste avec la morue salée. On sent le Portugal et l'Afrique dans ce plat. Son sel sera bien réduit par une préparation soigneuse, sinon gare à la pression artérielle en cas d'abus.

La belle quantité

L'avantage des gratins, c'est de flatter notre odorat par des arômes volatils, avant même d'avoir commencé à déguster.
On peut tout y mettre : place à l'imagination !
"Complets" voilà le terme qui leur convient ; Il suffit d'y mettre les bonnes proportions.
Le tout c'est d'éviter le mono-aliment, et de varier les ingrédients pour créer une préparation unique !

Osons changer de gratin...

Découvrez de nouvelles combinaisons d'ingrédients pour vos gratins : la morue salée (un régal), les moules (top budget en saison et peu caloriques) les flocons de quinoa (pour ajouter un peu de texture et plus de satiété), le chou, la cancoillotte, les noix...

les petits gratins

Gratin de moules aux poireaux

INGRÉDIENTS

Préparation : 30 mn
Cuisson : 15 mn

Pour la sauce béchamel :

15 g de beurre
20 cl de lait
2 C à soupe de farine
1 œuf
50 g de gruyère râpé
Sel / poivre du moulin

❶ **Nettoyez les moules à l'eau froide.** Dans un grand faitout, faites revenir **2 échalotes émincées** avec 1 C. à soupe d'huile, ajoutez la branche de céleri coupée en morceaux, le persil, le thym, le laurier et **arrosez avec 15 cl de vin blanc**. Ajoutez les moules, remuez bien pour répartir les aromates, **ajoutez le piment d'Espelette** et 1 pincée de poivre. Couvrez et **laissez cuire 8 mn** puis raffraichissez-les à l'eau froide.

❷ Otez les parties les plus vertes des **poireaux.** Lavez, séchez et coupez-les en **fines rondelles.**

❸ **Ciselez les échalotes**, faites-les revenir dans une poêle avec un peu d'huile d'olive. **Ajoutez les rondelles de poireau**, laissez cuire **5/6 mn à feu doux,** en remuant. Arrosez avec 10 cl vin blanc, remuez, salez et **laissez infuser 5 mn hors du feu** en couvrant la poêle. Décortiquez les moules dans un grand bol.

❹ Pour la béchamel : laissez **fondre le beurre** dans une casserole, quand il commence à mousser, ajoutez la **farine** en pluie et remuez vivement. **Ajoutez le lait** en une seule fois, sans cesser de remuer, jusqu'à ce que la sauce nappe la cuillère. **Ajoutez l'œuf battu,** et un peu de crème fraîche (facultatif) salez et poivrez légèrement.

❺ Mélangez **les moules décortiquées et la fondue de poireaux. Ajoutez** les ¾ de **la béchamel**, mélangez bien la préparation, et **garnissez des petits plats** à gratin individuels.
Ajoutez le reste de la béchamel, parsemez de gruyère râpé. Faites cuire 15 mn au four à 180°.

Vous pouvez servir ce plat en solo, ou avec un petit bol de pâtes fraîches.

Gratin de céleri & pommes au curry

Préparation : 45 mn
Cuisson comprise

INGRÉDIENTS

250 g de champignons
huile d'olive
1 céleri rave (800 g environ)
2 pommes Golden
1 pincée de muscade râpée
50 g de flocons de quinoa
40 cl de crème fraîche
10 cl de lait
1 oeuf
80 g de fromage râpé (Emmenthal ou Parmesan)
1 C. à soupe de curry en poudre
+ 1 noisette de beurre + sel + poivre

Astuce de bon goût
Variante de COULEUR :
1 C. à soupe de CURCUMA dans la purée de céleri.
Variante de GOÛT : quelques graines de CUMIN saupoudrées sur le dessus du gratin avant de passer au four.

❶ **Epluchez le céleri** et coupez-le en petits morceaux.
Faites-le cuire pendant 20 mn dans une casserole d'eau salée.

❷ **Battez l'œuf** en omelette, **ajoutez** le lait et **les flocons de quinoa**, salez, poivrez, mélangez et **laissez gonfler** pendant la réalisation de la recette.

❸ **Nettoyez les champignons** et découpez-les en très **petits dés.** Faites-les dorer dans une poêle avec une noisette de beurre (ou un filet d'huile d'olive), poivrez, salez légèrement et **laissez cuire 5 mn** en remuant souvent.

❹ Dans un bol, **mélangez la crème et le curry,** salez et poivrez.

❺ Epluchez et **râpez les pommes.**

❻ Egouttez et **écrasez le céleri en purée,** ajoutez la crème au curry et 1 pincée de muscade, mélangez. Préchauffez le grill du four.

❼ **Beurrez les plats à gratin** et disposez **une couche de purée de céleri,** recouvrez de **pommes râpées**, recouvrez de **champignons grillés**, **terminez par une couche de flocons de quinoa à l'oeuf.**
Saupoudrez éventuellement de piment d'Espelette et de fromage râpé.

Faites gratiner au four jusqu'à coloration (environ 10 mn).

Gratin de chou à la cancoillotte

INGRÉDIENTS

Préparation : 40 mn
Cuisson comprise

- 250 g de cancoillotte
- 8 cerneaux de noix
- 2 C. à soupe de graines de sésame
- + ½ verre de vin blanc + sel + poivre
- 150 g de lardons
- 6 pommes de terre (500 g environ)
- ¼ de chou blanc (400 g)

Astuce

Placez d'abord le pot de cancoillotte dans un grand récipient d'eau chaude, pour la faire ramollir, il sera alors plus facile de la répartir sur les pommes de terre.

❶ **Epluchez les pommes de terre, lavez-les et coupez-les en rondelles** de moins d'1 cm d'épaisseur. Faites-les cuire dans une casserole d'eau salée pendant **5 mn** à petite ébullition. **Egouttez-les.**

❷ **Rincez le chou** à l'eau froide, ôtez la partie centrale de la base des feuilles, **coupez les feuilles** en grandes lanières.

Dans une grande poêle, faites **fondre les lardons.**

❸ Quand les lardons commencent à rendre un peu de gras, **ajoutez les lanières de chou,** poivrez (ne salez pas, les lardons suffiront à saler le plat), **ajoutez 4 cerneaux de noix écrasés.** Laissez **cuire à feu assez vif 5 à 7 mn** en remuant de temps en temps.

❹ Avant de stopper le feu, **déglacez le fond la poêle** avec un peu de vin blanc, **saupoudrez les graines de sésame** et mélangez bien.

❺ Répartissez le chou dans les plats individuels, puis les rondelles de pomme de terre. **Répartissez la cancoillotte sur l'ensemble**, décorez des cerneaux de noix restants, couvrez et **enfournez à 200° pendant 15 mn,** puis servez rapidement pour que la cancoillotte ne déssèche pas.

Gratin de patates douces & morue salée

Trempage : 12h à l'avance
Préparation : 30 mn
Cuisson au four : 20 mn

INGRÉDIENTS

- 1 citron
- 1 oignon
- 500 g de patates douces
- 50 cl d'eau + sel +poivre du moulin
- 50 cl de lait écrémé
- 50 g de crème fraîche liquide allégée
- 50 g de gruyère râpé
- gingembre frais et persil plat
- 250 g de morue salée
- 1 c. à café de curry en poudre

Avec le temps...

12h avant de cuisiner, si vous utilisez de la morue salée, faites-la tremper dans un grand saladier rempli d'eau froide, (la peau du poisson vers le haut). Changez l'eau au moins 2 fois pendant le trempage. Plus rapide (mais moins original), remplacez la morue salée par un poisson blanc frais.

1. Epluchez et lavez les patates douces, **coupez-les en rondelles,** (recoupez les rondelles en 2 si les patates sont grosses).

2. **Faites cuire les patates douces** dans l'eau bouillante légèrement salée, **pendant 10 mn.** Egouttez puis écrasez-les en purée. **Ajoutez le curry** et la crème fraîche liquide, mélangez bien.

3. **Pochez le poisson :** chauffez 50 cl de lait + 50 cl d'eau **dans une casserole,** plongez la morue salée, maintennez un léger frémissement **pendant 8 mn.** (si vous n'utilisez pas de lait, pochez le poisson dans un court-bouillon).

4. **Egouttez la morue** et coupez-la en petits morceaux en enlevant la peau. **Emiettez finement le poisson,** ajoutez 1 pincée de gingembre ciselé et écrasé et quelques feuilles de persil plat ciselé.

5. Dans un plat allant au four, **disposez les miettes de poisson,** et **recouvrez de purée** de patate douce.

6. **Pelez l'oignon et râpez-le sur la purée.**

7. Répartissez le gruyère râpé, les rondelles de citron, **Couvrez** et enfournez à 180° pendant **20 mn**.

les tapas, entrées

Les TAPAS... c'est l'entrée qui s'invite à l'apéro! Evitons les arachides, les biscuits apéritifs trop gras, trop salés, trop sucrés, bref on n'a pas commencé le repas et c'est déjà TROP! Ici, on a envie de tout goûter, de tout toucher, c'est coloré, c'est texturé...on mange avec les doigts, on grignote de bonnes choses, variées, en petites quantités... et pas besoin de passer à table ensuite!

Toutes les couleurs, toutes les formes, pour se faire plaisir et **manger équilibré** sans se mettre à table.

CE QU'IL FAUT SAVOIR

Des produits de LA MER sardines, anchois, crevettes...

Les deux premiers sont de loin (avec les maquereaux) de véritables bombes à oméga 3
Les oméga 3 tout le monde connait mais personne ou presque ne saurait en donner la définition. Peu importe ce sont les meilleurs acides gras pour notre santé cardiovasculaire, cérébrale, rétinienne et métabolique. Bref des gros mots qui soulagent nos maux.

Des LÉGUMINEUSES haricots blancs, fèves…

Pois chiches, pois cassés, fèves et les mille et une variétés de haricots … appartiennent à cette fabuleuse famille des légumineuses. Ces aliments sont les plus riches en protéines végétales, avec le soja. Outre leurs propriétés nutritives, ils ont des qualités agronomiques, enrichissant le sol en azote, ce qui en fait les plantes les plus écologiques … Comme un conte des mille et une nuits …De véritables trésors pour notre alimentation, car ils nous permettent de faire l'appoint non seulement en protéines végétales, mais aussi en fibres et en magnésium. Bien-sûr ne jamais en abuser (pour notre confort intestinal), mais c'est une règle en nutrition.

Des ALLIACÉS ail, oignon, échalote...

La tradition et la science unissent leur voix pour nous montrer la voie de leurs bienfaits. Il faut dire qu'ils détiennent une exclusivité : celles de molécules aussi nombreuses que complexes et originales, issues de l'allicine.
Ce composé rare est selon la tradition salvateur et selon la science il serait une planche de salut pour les artères

Des ÉPICES et des herbes thym, laurier, persil, poivre, cumin…

Les petits, les oubliés, les sans-grade, sont pourtant des atouts en cuisine, pour le palais, pour rehausser et conserver. Mais on leur reconnait aujourd'hui beaucoup d'autres vertus sanitaires. Sans compter que grâce à eux le sel perd sa place de premier.
Et c'est le naturel qui s'impose, loin des additifs inutiles.

Et quelques RACINES radis noir, gingembre frais

Ce n'est pas parce qu'ils n'ont pas d'allure ou qu'ils sont des "terreux", qu'ils n'ont pas d'intérêt. On leur attribue aussi mille propriétés « purificatrices ». N'exagérons pas les qualificatifs. Il suffit peut-être de dire qu'ils sont bons, c'est le minimum pour des aliments.

La belle quantité

L'apéritif, c'est le bon moment, mais c'est aussi un "piège" !
Affamé, on se bourre de biscuits salés, gras, standard, ou de cacahuètes.
Les tapas c'est la formule idéale pour en faire une entrée agréable, originale et savoureuse, presque une dégustation entre connaisseurs.
Ni trop, ni trop peu, par petites bouchées on prend son temps pour apprécier, et parler entre deux bouchées (car on ne parle pas la bouche pleine !).
Mais le plaisir du palais commence par le plaisir des yeux.
Voilà 4 idées de tapas qui, malgré les apparences ont en commun de contribuer à équilibrer notre alimentation.

Voir aussi
- les petites bouchées aux légumes. Chapitre «Récup'»
- les panisses Chapitre «Nouveaux ingrédients»

Rillettes de sardines fraîches

INGRÉDIENTS

Préparation : 15 mn
Cuisson : 15 mn

1 pincée de piment d'Espelette

15 g de beurre

1 branche de thym

10 branches de persil

1 échalote

1 gousse d'ail

500 g filets de sardines fraîches

1 feuille de laurier

+ 5 cl de vin blanc + Sel

Petit conseil

Les sardines fraîches doivent être préparées en filets par votre poissonnier. Ces rillettes de sardines, tartinées sur du pain grillé ou mieux, sur des rondelles de radis noir, pour les apéritifs dînatoires, c'est une incroyable surprise pour le palais !

❶ Laissez ramollir le beurre en le coupant en dés dans une coupelle tenue au chaud.

❷ **Rincez rapidement les sardines à l'eau fraîche** .

❸ Séchez-les sur du papier absorbant.

❹ Epluchez puis **ciselez l'ail et l'échalote.**
Lavez, effeuillez puis ciselez le persil.

❺ Faites chauffer **1 C. à soupe d'huile dans la poêle,** faites dorer l'échalote, ajoutez la moitié du persil puis l'ail, le laurier et la branche de thym.

❻ **Ajoutez les sardines, mélangez bien avec les aromates.**
Laissez chauffer 3 mn, salez, poivrez (ou saupoudrez un peu de piment d'Espelette) puis retournez les filets.
Laissez cuire 2 mn puis arrosez de vin blanc pour déglacer la poêle. Retirez du feu et laissez un peu refroidir.

❼ **Placez les sardines dans le robot mixeur,** ajoutez l'ail ciselé, le reste du persil, la pincée de piment d'Espelette, le beurre ramolli, et **mixez l'ensemble.**
Réservez au frais.

❽ **Brossez le radis sous l'eau froide** et coupez des rondelles de 3 mm d'épaisseur.

❾ **Tartinez des rondelles de radis noir** au moment de servir et décorez de persil ciselé.

Rillettes de haricots blancs aux anchois

Préparation : 10 mn
Pas de cuisson

INGRÉDIENTS

- 1 bocal de haricot blanc (500 g égouttés)
- 10 olives noires dénoyautées
- Pain grillé et endives pour la présentation.
- 4 C. à soupe de câpres (100 g)
- Sel/poivre
- 1 boîte d'anchois à l'huile

A savoir

125 g de haricots secs contiennent autant de protéines qu'un steak ! Les anchois à l'huile d'olive présentent un fort pouvoir de satiété et sont riches en protéines! Une recette qui peut se conserver au frais plusieurs jours et qui plaira aux sportifs !

❶ Egouttez les haricots blancs, **plongez-les rapidement dans une casserole d'eau bouillante,** puis égouttez-les immédiatement. Rafraichissez-les d'eau fraîche.

❷ **Mixez les haricots blancs,** ajoutez 1 filet d'huile d'olive, puis réservez dans un grand plat.

❸ Avec le robot mixeur, **réduisez** les anchois, 5 olives noires et les câpres **en purée.** Réservez cette purée dans un bol.

❹ **Dans un grand plat,** mélangez la purée de haricots blancs et la purée anchois/câpres, avec une fourchette, **si besoin un peu d'huile d'olive** pour assouplir le mélange.

❺ Coupez 5 olives noires en rondelles.

❻ **Présentez les rillettes dans des feuilles d'endives,** décorez de rondelles d'olives ou servez avec du pain grillé.

Cassolettes de fèves aux crevettes

INGRÉDIENTS

Préparation : 25 mn
Cuisson comprise

Bon à savoir

1 kg de fèves fraîches à écosser = 250 g environ de fèves cuites.
Vous pouvez aussi utiliser des févettes pelées surgelées.

- 25 cl de lait de coco
- ½ oignon blanc
- 1 gousse d'ail
- 1 C. à soupe de gingembre frais râpé
- + coriandre fraîche + sel + poivre noir
- 1 citron non traité
- 250 g de crevettes sauvages entières (surgelées)
- 1 kg de fèves fraîches (ou 250 g de fèves surgelées)
- 1 C. à café de poudre d'écorce de citron (ou zestes de citron)

❶ **Si vous préparez des fèves fraîches :** écossez-les et faites-les cuire 5 à 8 mn (selon leur calibre) dans une casserole d'eau bouillante salée. Rafraîchissez-les et enlevez les peaux (compter environ 10 mn pour « dérober » les fèves).
Si vous préparez des fèves surgelées pelées : plongez-les **5 mn dans l'eau bouillante** salée sans les décongeler, égoutez-les puis rafraîchissez-les.

❷ Rincez les crevettes, décortiquez-les et saupoudrez-les de poudre d'écorce de citron (ou des zestes).
Pelez le gingembre frais et râpez un morceau d'1 cm environ.
Epluchez l'ail et l'oignon, et coupez-les finement.
Dans une poêle avec 1 filet d'huile d'olive, faites revenir l'oignon, ajoutez l'ail après 2 mn, remuez jusqu'à une légère coloration.

❸ **Ajoutez les crevettes entières** et faites-les dorer sur chaque face, **ajoutez les fèves**, le gingembre et la coriandre, poivrez et salez, et remuez. Laissez cuire à feu doux quelques minutes puis **arrosez de lait de coco**. Mélangez puis **couvrez la poêle** et laisser infuser quelques minutes.

❹ Coupez 4 belles **rondelles de citron.**

❺ Présentez les fèves **dans des grands verres**, ou petits bol, décorez d'une rondelle de citron. Servez chaud, ou froid.

Accompagné de riz Thaï, ce plat pourra être proposé en plat principal, en adaptant les quantités pour la réalisation de la recette .

Feuilletés au parmesan et cumin

Préparation : 10 mn
Cuisson : 20 mn

INGRÉDIENTS

50 g de parmesan râpé

30 g de gruyère râpé

1 œuf

2 C. à soupe de graines de cumin

1 pâte feuilletée toute prête

A tester

Quoi de mieux que de faire soi même ses biscuits apéritifs ! N'hésitez pas à tester avec des poivres variés et d'autres graines (pavot, moutarde, sésame...)

❶ **Etalez la pâte** feuilletée sur son papier de cuisson.

❷ Découpez-la **en grandes bandes.**

❸ Badigeonnez la pâte avec 1 œuf battu.
Saupoudrez 2 C. à soupe **de graines de cumin**, saupoudrez 50 g de **parmesan râpé** et ajoutez un peu de gruyère râpé.

❹ Repassez la pointe du couteau dans fentes pour que les bandes de pâtes se séparent plus facilement après la cuisson

❺ Laissez la pâte sur sa feuille de papier cuisson, et **déposez-la sur une grille allant au four,** et enfournez 20 mn à 200°.

❻ Dès la sortie du four, **séparez les bandes avec la pointe d'un couteau** sans les briser, et laissez refroidir dans un endroit sec.

les plats du voyage

Qui ose cuisiner des ingrédients utilisés sous d'autres latitudes, parfume sa cuisine avec un petit goût de vacances...
Olives, aubergines, patates douces, citrons confits, coriandre, épices...

Les **saveurs de voyages**, les cuissons lentes, les épices rafinées, c'est un dosage parfait pour ces **plats à partager.**

BON à SAVOIR

ORIGINAL

COLORÉ

GOURMAND

TAJINE de légumes
Agneau & citrons confits

L'agneau est une des viandes les plus savoureuses. Sa cuisson lente dans une tajine la rend encore plus tendre et moelleuse. Certes c'est une viande grasse mais l'abondance des légumes de ce plat rétablit l'équilibre. Tomates, poivrons et petites pommes de terre, courgettes, citrons sont des concentrés de vitamine C et autres vitamines anti-oxydantes.
Et rassurons-nous, tout ne disparait pas à la cuisson, heureusement !

TORTILLA au chorizo

Ici c'est une variété d'omelette épaisse garnie de pommes de terre et typiquement espagnole. Avec ses œufs, son gruyère, son huile d'olive, son chorizo (150 g pour 4 seulement heureusement !) C'est un plat « riche » et nourrissant, mais agréable, la récompense typique après une journée de travail physique ! Le poivron, l'oignon, la salade d'accompagnement n'allègent pas le plat mais améliorent son équilibre.

Les DOMBRÉS aux crevettes

Petit tour créole avec les dombrés. C'est d'abord un feu d'artifice d'herbes, épices, citron et écorces de citron. Plein les yeux, plein les pupilles, plein les papilles ! Les dombrés sont des petites boules de pâte réalisée ici avec 2 farines, associées à des légumes et à des crevettes. Aucun des 3 ne domine, tous se complètent et s'équilibrent.

TCHOKAS d'aubergines au poisson

Pour un dépaysement complet les Antilles sont vraiment bien placées.
Les aubergines et les tomates, légumes hauts en couleur sont comme deux bons larrons qui s'entendent à merveille. Le plat est léger, il est peu calorique, malgré son huile d'olive. Il faudra le compléter pour les gros appétits par une belle portion de fromage et de pain complet au levain.

La belle quantité

Manger c'est voyager. C'est aller à la rencontre des autres, de leur culture, de leur terroir, de leur traditions. Par ici les couleurs, les saveurs et les odeurs. C'est la taille de l'ustensile qui donnera les limites du plat.
Et puisque tout y est, ou presque, point besoin d'entrée ou de dessert qui en rajouteraient trop. Mais l'on ne se forcera pas à tout finir si l'estomac fait signe d'arrêter : on resservira les restes le lendemain.

■ **Pour retrouver les saveurs découvertes au cours de vos voyages,** utilisez des épices de bonne qualité : vérifiez sur le conditionnement, qu'elles ne soient pas «rallongées» avec du sucre, du gluten, de la farine...ou poudre de perlin pimpin...

Tajine de légumes, agneau & citrons confits

Préparation : 15 mn
Cuisson : 1h 30

Petit conseil

Demandez à votre boucher de désosser l'épaule d'agneau, puis de la découper en gros morceaux. Si vous ne disposez pas de véritable plat à Tajine en terre cuite, utilisez un fait-tout avec son couvercle, et ajoutez un verre d'eau + un peu d'eau de fleur d'oranger avant de couvrir.

INGRÉDIENTS

- 15 brins de coriandre fraîche
- 1 kg de petites pommes de terre (Ditta)
- 4 carottes
- 4 tomates,
- 2 courgettes
- 1.2 kg d'épaule d'agneau désossée
- 6 gousses d'ail
- 2 oignons,
- 2 ou 3 citrons confits
- 1 poivron rouge
- 1 C. à café de Curcuma
- 1 C. à café de Curry
- 1 pincée de piment doux en poudre
- Sel/Poivre/ 1 trait d'eau de fleur d'oranger

❶ **Pelez les oignons et l'ail**, et coupez-les en petits morceaux.

❷ **Epluchez les carottes et les pommes de terre,** lavez les courgettes, les tomates et le poivron, et coupez-les en gros morceaux. (Si les pommes de terre sont petites, laissez-les entières). Lavez et effeuillez la coriandre.

❸ **Faites revenir les oignons et l'ail** dans le plat à tajine, avec un peu d'huile d'olive.

❹ **Ajoutez les morceaux de viande,** saupoudrez avec le **curcuma** et le **curry**, ajoutez 1 citron confit coupé en quartiers et mélangez bien pour imprégner tous les morceaux de viande.

❺ **Répartissez les légumes sur la viande,** puis le 2ème citron coupé en quartiers, parsemez les feuilles de coriandre, salez et poivrez (ou parsemez un peu de piment doux en poudre). Couvrez le plat à tagine et laissez cuire à feu doux pendant au moins 1h 30.

Si vous utilisez un fait-tout, ajoutez 1 verre d'eau et un peu d'eau de fleur d'oranger avant de couvrir.

Tortilla au chorizo

Préparation : 10 mn
Cuisson : 20 mn

INGRÉDIENTS

A tester

Vous pouvez utiliser un lait ou jus végétal pour réaliser l'omelette.
Jus de soja ou d'amande de préférence, car le jus de noisette aura un goût plus soutenu.

❶ **Lavez les pommes de terre** et faites-les cuire avec la peau, 10 à 12 mn dans l'eau bouillante salée (elles doivent rester fermes).
Lavez le poivron, coupez-le en 2, ôtez les graines et les membranes, et coupez-les en fines lanières. Epluchez l'oignon, coupez le en petits dés, épluchez les 2 gousses d'ail, coupez-les en 2 et enlevez le germe.

❷ Faites chauffer un fait-tout (ou une poêle à grand bord) avec 1 C. à soupe d'huile d'olive, et **faites fondre doucement les lanières de poivron,** après 5 mn ajoutez l'ail et l'oignon. Remuez et laissez cuire à feu doux.

❸ **Enlevez la peau du chorizo** et coupez-le en grosses rondelles, puis ajoutez-les aux poivrons, continuez de cuire à feu doux.

❹ **Egouttez et pelez les pommes de terre,** coupez-les en **morceaux** (5 mm au moins) et **ajoutez-les aux poivrons,** laissez rissoler au moins 5 mn.

❺ **Battez les œufs en omelette,** salez très légèrement et poivrez. **Allongez avec un ½ verre de lait,** battez et ajoutez aux poivrons et pommes de terre. **Mêlez l'ensemble à la cuillère,** ajoutez le fromage râpé, couvrez la poêle, et **laissez cuire** toujours à feu doux **5 mn environ.** Servez la tortilla chorizo, en la **démoulant sur un plat de présentation** (en décollant éventuellement la tortilla des parois de la poêle avec une cuillère de bois), et en coupant des parts comme pour une tarte. **Servez avec une salade trévise.**

Les Dombrés aux crevettes

INGRÉDIENTS

Préparation : 50 mn
Cuisson comprise

❶ **Epluchez l'oignon** et les carottes, puis râpez l'ensemble au robot.
Faites chauffer 1 C. à soupe d'huile dans une sauteuse, ajoutez les **carottes et oignon râpés,** ajoutez l'ail émincé, et le gingembre frais râpé.

❷ Ajoutez **les crevettes entières, saupoudrez de curry**, curcuma, piment en poudre, poudre d'écorce de citron (ou quelques zeste de citron) poivrez, **arrosez du jus de citron** et remuez bien. Laissez chauffer doucement, lavez et **pelez les tomates.**

❸ **Lavez le poivron,** coupez-les en petits dés. Epluchez la patate douce et coupez-la en dés.
Ajoutez les tomates, le poivron et la patate douce **dans la sauteuse,** mélangez bien, et laissez cuire 5 mn à feu doux.

❹ Ajoutez 1 verre d'eau et **couvrez la sauteuse.** Laissez cuire 10 mn.

❺ Pendant ce temps, **faites les dombres** : mélangez **les 2 farines dans un grand bol,** faites un puits au milieu, ajoutez **1 pincée de sel, le curcuma, 1 C. à soupe d'huile, ½ verre d'eau.**

❻ Recouvrez le puits avec la farine, **travaillez aux doigts** pour que la pâte devienne lisse et souple.

❼ **Faites des petits boudins** avec la pâte sur un plan de travail fariné. Coupez ces petits boudins en morceaux de 1 cm maximum.

❽ Plongez les « dombres » dans la sauteuse, de sorte qu'ils soient complètement immergés (sinon, ajoutez un peu d'eau). Couvrez la sauteuse, laissez cuire **30 mn à feu doux.**

Tchokas d'aubergines au poisson

Préparation : 30 mn
Cuisson comprise

INGRÉDIENTS

2 tomates
4 gousses d'ail
10 brins de persil
5 C. à soupe de vinaigre
3 C. à soupe d'huile d'olive
1 pincée de piment doux en poudre
1 kg de petites aubergines
1 branche de thym
1 oignon sec
1 ou 2 oignons frais
250 g de morue salée (ou cabillaud frais)

Petit conseil

Cette recette d'origine créole peut être réalisée avec de la morue salée, elle gagnera en authenticité et en goût, mais il faut prévoir le déssalage de la morue 12 h avant de préparer ce plat. Pensez à vérifier l'assaisonnement avant de servir et n'hésitez pas à le personnaliser en utilisant du piment frais, du curcuma, ou une pointe de curry.

❶ **Lavez les aubergines et les tomates** et ôtez les pédoncules.Coupez-les en 2 et faites-les griller au four pendant 20 mn (idéalement au grill, posés à mi-hauteur sur un papier de cuisson).

❷ **Epluchez 3 gousses d'ail et les oignons,** coupez-les finement et écrasez-les au mortier en ajoutant la poudre de piment, **l'huile et le vinaigre.**

❸ Faites **chauffer une casserole d'eau salée** (ne salez l'eau pas si vous utilisez de la morue salée !) avec **1 gousse d'ail, le cabillaud** et laissez frémir 5 mn (le poisson doit rester un peu ferme, ajustez le temps de cuisson en fonction de l'épaisseur du poisson).

Présentez en verrines, ou sur un grand plat de service. Dégustez chaud ou froid, c'est un plat surprenant, facile à conserver au frais... pratique à emporter pour la pause déjeuner!

❹ **Retirez les aubergines et les tomates du four, et récupérez la chair** avec une petite cuillère, écrasez bien la chair à la fourchette pour la réduire en purée, (égouttez un peu si la purée rend trop d'eau).
Si les aubergines sont très jeunes et bien fraîches, vous pouvez les passer au robot mixeur avec la peau pour les réduire en purée, en même temps que les tomates.

❺ **Egouttez le poisson et réduisez-le en miettes,** avec une fourchette. Mélangez **la moitié du poisson avec la purée aubergine-tomate,** ajoutez la vinaigrette ail-oignon, mélangez bien l'ensemble, vérifiez et rectifiez éventuellement l'assaisonnement en ajoutant quelques gouttes de jus de citron ou un peu de poivre.

à la poêle

L'ustensile indispensable, pour tout faire.... ou presque. De bonne qualité, en verre, en céramique, en inox, en acier, votre poêle devra supporter de fortes températures, pouvoir cuire sans matière grasse, et resister au temps sans s'altérer. (Attention certains revêtements se dégradent trop vite, ne supportent pas les rayures, et vieillissent mal). Préférez une cuisine écologique et moins toxique.

1 grande poêle, 1 petite poêle, 1 couvercle en verre pour profiter du spectacle, 1 couvercle anti-éclaboussures, et **la cuisine du quotidien** devient un plaisir.

CE QU'IL FAUT SAVOIR

UN PAPIER ABSORBANT IMPRÉGNÉ D'HUILE PERMET DE GRAISSER LÉGÈREMENT LA POËLE.

CHOISIR UNE POÊLE DE QUALITÉ...

LA CUISINE RAPIDE ET FESTIVE

...AVEC UN COUVERCLE ADAPTÉ

Brochettes de SOLES AUX POIREAUX

Produits de la pêche et poireaux font bon ménage on l'a déjà dit.
La sole c'est chic et en plus c'est bon. C'est rare et donc doublement chic et bon. Elle est le prototype des poissons maigres.
Poivrons, haricots, petits pois et poireaux sont aussi maigres, mais c'est le cas de 100% des légumes ! Plus sérieusement ce sont de bons légumes, plein de vitamines et minéraux, que la cuisson à la poêle ne fait pas disparaitre. Coriandre, ciboulette, persil, sont de fidèles compagnons, de ces poêlées.

Poêlée de CHOUX DE BRUXELLES au bleu

Le chou de Bruxelles a toutes les qualités du belge : plaisant, riant, mais avec un caractère bien solide et trempé. Comme tous les choux il est riche en vitamines C, K, B9..., en caroténoïdes et même en calcium (mais rien ne vaut les produits laitiers pour cela). On lui connait aussi des composés anti cancérogènes. Ses compagnons de voyage bleu, noix, lardons au contenu lipidique bien marqué en font un plat d'hiver... ce qui n'est pas une excuse pour rester sédentaire... !

Poêlée FENOUIL & POIS CHICHES à l'échine de porc

Les bulbes de fenouil avec leur délicat arôme d'anis, le miel, le citron, l'ail et l'échalote, l'huile d'olive et le piment d'Espelette feront merveille pour embaumer l'échine de porc, elle-même savoureuse. Avec ses carottes et ses pois chiches la recette est parfaitement assurée de contribuer à l'équilibre du repas. Il suffira de rajouter un yaourt nature.

Poêlée d'AUBERGINES en mille-feuille

Le titre de la recette ne révèle pas tous les dessous du plat, en particulier ses lasagnes. Un parfum italien émane de cette recette avec ses tomates, ses aubergines, sa mozzarella et son basilic.
Manger les pâtes à l'italienne comporte une caractéristique diététique épatante : elles sont toujours associées à une belle quantité de légumes. On est loin des coquillettes beurre fromage de bon nombre de Français. A bon entendeur, salut !

La belle quantité

Cette fois c'est la poêle qui décide, ou plutôt les poêles car il en faut deux en général. Pour ce qui est de la quantité c'est selon le taux de remplissage des poêles. N'ayez pas les yeux plus gros que le ventre, d'autant que le spectacle est très appétissant.
Le couvercle, c'est le bon truc, celui qui accélère le temps de cuisson, ce qui diminue les altérations éventuelles des matières grasses et permet une cuisson douce préservant les vitamines et le moelleux des aliments.

C'est au poil !

■ Pour saisir à vif, ou mijoter à petit feu, la poêle est idéale pour la cuisine au quotidien. Avec un couvercle, la vapeur de cuisson retombe au fond de la poêle, et les temps de cuisson sont optimisés, et les nutriments sont conservés.

Brochettes de soles aux poireaux

Petit conseil

Pour une touche d'exotisme, utilisez des brochettes en bambou réutilisables...
Vous pouvez utiliser des filets de sole surgelés ou un autre poisson blanc sans arêtes découpé en gros dés.

INGRÉDIENTS

Préparation : 10 mn
Cuisson : 10 mn

25 cl de lait de coco
gingembre frais
5 brins de persil plat.
coriandre fraîche
500 g de petits filets de sole
8 piques en bambou
Sel/poivre
1 poivron
2 poireaux
1 citron
1 bol de petits pois surgelés
1 C. à café de Curry
4 gousses d'ail
6 brins de ciboulette.
1 C. à café de zestes de citron non traité (ou 1 bâton de citronnelle)
8 grands haricots plats

❶ **Epluchez l'ail** et coupez les gousses en 4 en supprimant le germe.
Lavez les haricots plats et coupez-les en tronçons de 2 cm.
Lavez les poireaux, **conservez quelques verts de poireau pour enrouler le poisson.** Coupez les **blancs de poireaux en très fines rondelles.**
Lavez **le poivron**, coupez-le en 2, supprimez les graines et les membranes, **coupez-le en lanières**.

❷ Faites fondre **le poivron à feu doux** dans une grande poêle, avec un peu d'huile d'olive, ajoutez l'ail et **saupoudrez de curry**, laissez fondre doucement 5 mn.

❸ Ajoutez quelques zestes de citron (ou le bâton de citronnelle), **le gingembre** frais en copeaux et les **poireaux émincés,** enfin ajoutez les haricots plats, effeuillez un peu coriandre fraîche mélangez, **couvrez et laissez cuire 5 mn.**

❹ **Déglacez** un peu le fond de la poêle **avec la moitié du lait de coco.**

❺ **Enroulez les filets de sole** dans une feuille de poireau et piquez-les sur une mini brochette en bambou.

❻ **Posez les brochettes sur le dessus des légumes**, assaisonnez un peu le poisson (sel-poivre- curry), ajoutez 1/2 verre d'eau et **couvrez** la sauteuse, et laissez **cuire 8 mn**.

Poêlée de choux de Bruxelles au bleu

à la poêle

Préparation : 15 mn
Cuisson comprise

INGRÉDIENTS

- 120 g de lardons
- 600 g de choux de bruxelles frais
- Parmesan râpé (facultatif)
- 50 g de graines de sésame
- 50 g de cerneaux de noix
- 125 g de fromage bleu
- Sel/poivre
- 2 ou 3 pommes de terre

Petit conseil

Une recette rapide et délicieuse, pour redécouvrir les qualités gustatives de ce petit légume, loin des souvenirs de cantine!
Les végétariens remplaceront les lardons par un peu de tofu fumé .

❶ **Epluchez,** lavez et coupez **les pommes de terre** en gros dés.
Enlevez les feuilles extérieures et **lavez les choux de Bruxelles.**
Dans une grande casserole d'eau salée, **faites cuire les choux de Bruxelles** avec les pommes de terre **10 mn**. Après cuisson, égouttez-les.

❷ **Dans une poêle à bords hauts, sans matière grasse, faites fondre les lardons.**
Dans une 2ème poêle, faites dorer les graines de sésame quelques minutes seulement.

❸ Quand les lardons sont un peu dorés, ajoutez les choux de Bruxelles (vous pouvez les couper en 2 s'ils sont gros, afin de compléter la cuisson), **ajoutez les dés de pommes de terre,** poivrez et **laissez cuire à feu doux 10 mn.**

❹ Ajoutez les **cerneaux de noix** écrasés aux choux de Bruxelles.

❺ **Coupez le fromage bleu en dés** et ajoutez-le dans la poêle, **laissez fondre le fromage** et répartissez-le bien dans la poêle, **saupoudrez de graines de sésame,** et après 3 mn stoppez la cuisson.

❻ Décorez de **copeaux de parmesan** et servez rapidement.

Poêlée fenouil & pois chiches à l'échine de porc

INGRÉDIENTS

Préparation : 20 mn
Cuisson : 40 mn

Conseil gain de temps

Choisissez les pois chiches cuits en bocal. Vous pouvez remplacer les pois chiches par des févettes surgelées ou fraîches. Végétariens, vous réaliserez cette recette en remplaçant la viande par du tofu par exemple.

❶ **Epluchez l'échalote,** émincez-la. Epluchez **les gousses d'ail,** coupez-les en 2 et dégermez-les.

❷ Coupez **la base des fenouils** et les parties sèches, **coupez-les en lamelles,** gardez les feuillages. **Grattez et lavez les carottes.** Coupez la viande en petits dés.
Lavez les citrons, coupez-en un en rondelles.

❸ **Faites fondre l'échalote** avec un peu d'huile, **ajoutez les dés de viande,** les graines de fenouil, le piment d'Espelette et l'ail. **Ajoutez les carottes, laissez dorer.**

❹ **Ajoutez les rondelles de citron,** arrosez de miel, mélangez. **Pressez le jus** du deuxième citron et déglacez la poêle.

❺ Ajoutez les lamelles de fenouil, salez légèrement, **arrosez avec le verre d'eau.** Couvrez et laisser cuire 30 mn à feu doux. Egouttez **les pois chiches,** ajoutez-les dans la poêle et **prolongez la cuisson 10 mn.**
Décorez avec le feuillage des fenouils.

Poêlée d'aubergines en mille-feuilles

Préparation : 15 mn
Cuisson : 25 mn

INGRÉDIENTS

- 1 pot de pulpe de tomate
- 125 g de mozzarella
- 2 aubergines
- 2 tomates rondes
- 4 plaques de pâte pour lasagnes
- 8 feuilles de basilic frais
- ½ jus de citron
- 1 bûche de fromage de chèvre
- 8 branches de romarin (ou piques en bambou)

Conseil de présentation

Prévoyez des piques en bambou ou des tiges de romarin pour maintenir le mille-feuille pendant la cuisson.
Vous pouvez ajouter une tranche de jambon cru entre la mozzarella et l'aubergine.

❶ **Faites tremper les lasagnes** dans un plat avec un peu d'eau tiède.

Lavez **les aubergines,** coupez-les en rondelles de même épaisseur (5 mm), arrosez-les de jus de citron.

❷ **Faites griller les rondelles d'aubergine** dans une poêle très chaude sans matière grasse, à feu vif, 3 mn sur chaque face, poivrez légèrement. Quand les aubergines sont légèrement grillées, vous pouvez les **saler**.

❸ Lavez le basilic. **Lavez et séchez les tomates,** coupez-les en 8 rondelles (5 mm d'épaisseur).
Coupez le **fromage de chèvre** en rondelles, égouttez la mozzarella et coupez-la en **8 rondelles**.

❹ **Egouttez les lasagnes** et **découpez** délicatement **des ronds** aux ciseaux, de même diamètre que les aubergines.

❺ Sur un plan de travail, **assemblez dans cet ordre :** 1 rondelle d'**aubergine**/1 rondelle de **chèvre**/1 rondelle de **lasagne**/1 rondelle de **tomate**/1 rondelle de **mozzarella**. Recommencez l'opération en terminant par la **mozzarella**.

❻ **Piquez le mille-feuilles** avec une pique en bambou, ou un bâton de romarin.
Placez les mille-feuilles dans la poêle, répartissez la pulpe de tomate autour et les restes d'aubergine éventuellement. Poivrez et salez légèrement le dessus.
Couvrez la poêle et laissez cuire à feu moyen 20 à 25 mn.

les petites cocottes

Individuelles, en fonte, en verre, en terre cuite… elles sont tout simplement ANTI ROUTINE! Pour laisser libre cours à son imagination, elles sont parfaites. Une cuisson « à l'étouffée », idéale pour les légumes coupés finement, les viandes blanches, le poisson.

Les aliments conservent leur nutriments, et on met le couvert en **moins de 30 minutes!**

LA BONNE NOTE

ON COUPE LES ALIMENTS À LA TAILLE DE LA COCOTTE.

ON MÉLANGE LES HERBES, LES LÉGUMES, LES ÉPICES...

ON AJOUTE ÉVENTUELLEMENT UN PEU D'EAU

ON MET LE COUVERCLE...

Maquereaux au CÉLERI & moutarde à l'ancienne

Tout a été dit sur ces petits poissons, en début de chaîne alimentaire. Ils concentrent les fameux acides gras oméga 3 mais ne concentrent pas les métaux lourds ou les polluants organiques. Bref tout bon pour la santé. Ils sont magnifiquement associés aux pommes de terre, ces légumes que l'on ne doit pas oublier, car ils sont comme les autres légumes, une très bonne source de polyphénols et de vitamine C. L'alcool du vin blanc s'évapore mais les arômes persistent.
Préparation rapide, rassasiement assuré.

Poulet aux PETITS LÉGUMES gingembre & petit épeautre

Voilà des valeurs sûres qui se combinent. Le poulet plait toujours, avec le gingembre il surprend. Quant au petit épeautre (ou en grain) il a les qualités du blé : des fibres, de l'énergie à revendre, et une digestibilité assurée. Mais le plat ne pèche pas par son absence de légumes : voyez plutôt : poireaux, carottes, céleri en bâton (la coqueluche du livre !), de quoi faire le plein de vitamines. Un vrai plat léger qui ne baigne pas dans le gras.

Cocotte poisson & multi-légumes

Tout en couleur, le blanc du poisson et du chou, le vert des courgettes, le rouge du poivron, l'orange des carottes. Les couleurs ça égaille, mais c'est aussi la marque d'une richesse particulière en micro-constituants méconnus, les caroténoïdes, de puissants antioxydants naturels, la chlorophylle…
Les couleurs donnent envie, mais le plat est relevé aussi par ses herbes et aromates, le basilic en tête, celui dont on n'oublie jamais la saveur.

Panais & endives au munster

Voilà un légume oublié qui revient en force, le panais, cette carotte pâle, ferme et douce à la fois. Les endives avec leur amertume délicieuse se marient bien avec les champignons. Voilà deux légumes qui ont en commun d'aimer l'obscurité pour pousser. Les calories ne sont pas leur fort. Par contre les champignons sont une source méconnue de vitamine D végétale ! Quant au munster voilà un fromage de caractère. C'est lui qui fait de cette cocotte un plat presque complet.

Si vous ne disposez pas de petites cocottes individuelles avec couvercles, utilisez des bols et couvrez-les de papier cuisson.

La belle quantité 1 cocotte = 1 portion

Un pour tous, tous pour un à la mode des 3 mousquetaires. Ou bien encore tout en un. Une cocotte est égale à une portion. Rien de plus facile.
Et l'on peut soigner la déco en jouant sur la vaisselle.
Côté préparation, c'est l'idéal : la cuisson au four en cocottes individuelles permet de récupérer les minéraux et donne leur tendresse aux aliments. Tendrement bon.

Toujours avoir sous la main :
quelques légumes frais pour accompagner l'aliment principal que vous avez choisi de cuisiner (poisson, viande, oeuf). A défaut de légumes frais, les légumes surgelés présentent une très bonne alternative, attention toutefois de penser à adapter le temps de cuisson!

Maquereaux au céleri & moutarde à l'ancienne

INGRÉDIENTS

Préparation : 10 mn
Cuisson : 15 mn

Pensez à faire vider les maquereaux par votre poissonnier.

- 8 c à soupe de moutarde à l'ancienne
- 4 branches de céleri
- 20 cl de vin blanc
- 1 échalote
- Sel/poivre
- 8 petites pommes de terre
- 20 cl de crème fraîche liquide allégée
- 4 petits maquereaux frais, vidés.

❶ Lavez les branches de **céleri** et **coupez-les en tronçons.**

❷ Epluchez et hachez finement l'échalote, **faites-la tremper dans un peu de vin blanc.**

❸ Epluchez, lavez et **coupez les pommes de terre** en fines rondelles (3-4 mm d'épaisseur). **Faites-les cuire 5 mn** dans l'eau bouillante salée, rafraichissez-les après cuisson, puis égouttez-les.

❹ **Coupez les maquereaux** en 2 dans la longueur et coupez la partie centrale des arrêtes, puis **badigeonnez la chair** avec la moitié de la **moutarde à l'ancienne.**

❺ **Répartissez le céleri** dans chaque cocotte, **arrosez** avec l'échalote au vin blanc, puis **ajoutez les rondelles de pommes de terre cuites.**

❻ **Disposez les maquereaux** sur les pommes de terre.

❼ **Mélangez** le reste de **moutarde à l'ancienne avec la crème fraîche** et ½ verre de vin blanc puis répartissez dans chaque cocotte.

❽ **Couvrez** et enfournez à 220° et laissez **cuire 10 à 12 mn.**

Poulet aux petits légumes gingembre & petit épeautre

Préparation : 55 mn
Cuisson comprise

INGRÉDIENTS

- 1 jus de citron
- 2 bâtons de céleri
- Gingembre frais
- 2 poireaux
- 2 carottes
- 1 C. à café citronnelle en copeaux
- 150 g de petit épeautre pré-cuit
- 4 gousses d'ail
- 300 g de blanc de poulet
- sel/poivre
- 10 brins de persil plat + basilic

Petit conseil

Faites d'abord une 1ère cuisson du petit épeautre dans 5 fois son volume d'eau salée portée à ébullition, pendant 10 mn, égouttez (prolongez la cuisson de 20 mn de plus si vous le présentez séparément).

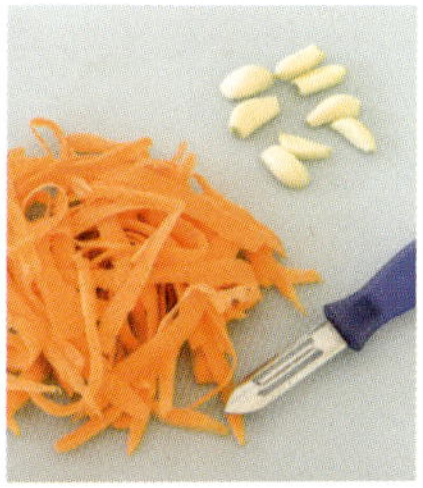

❶ **Lavez les poireaux** fendus en 2 sous le jet du robinet, éliminez le haut des feuilles trop vert et coupez les très finement dans le sens de la longueur.
Lavez les bâtons de céleri, enlevez les fils et coupez-les en tronçons très fins.

❷ Epluchez les gousses d'ail, coupez-les en 2 et **enlevez le germe.**
Epluchez les carottes et râpez-les avec une râpe « gros trous » (ou faites des « tagliatelles » avec un **couteau économe** ou à la mandoline).

❸ Découpez **les blancs de poulets en petits dés,** placez-les dans des cocottes individuelles.

❹ Répartissez **l'ail, les poireaux, le céleri et les carottes, les copeaux de citronnelle,** mélangez bien les ingrédients dans chaque cocotte.

❺ **Pelez le gingembre** et coupez-le en très fins morceaux (pour le volume d'1 C. à café) et répartissez-le dans les cocottes. **Puis répartissez le petit épeautre cuit** (si vous n'avez pas choisi de le présenter séparément). Salez et poivrez, **ajoutez** un filet d'huile d'olive, **le jus de citron** et ajoutez de l'eau à mi-hauteur.

❻ Parsemez d'un peu de persil ciselé, et couvrez les cocottes.

Enfournez les cocottes à 200° pour 30 mn.
Au moment de servir, ôtez les couvercles des cocottes et répartissez persil et basilic ciselés.

Cocotte Poisson & multi légumes

Préparation : 10 mn
Cuisson : 20 mn

> **Petit conseil**
>
> Une recette qui bat des reccords de facilité, de rapidité et de légèreté. Utilisez les légumes que vous aimez, et gagnez du temps avec un poisson surgelé. Pour les plus affamés, servez avec un peu de riz de Camargue.

INGRÉDIENTS

Préparez les légumes en tenant compte de la taille des cocottes que vous utiliserez pour la cuisson.

❶ **Coupez le chou** blanc en lanières. Epluchez carottes, navets et courgettes et **coupez-les en bâtonnets.**

❷ Lavez et **enlevez les fils des bâtons de céleri.** Lavez le fenouil et tranchez-le finement, coupez le poivron en lanières.

❸ **Epluchez et râpez un morceau de gingembre** pour une quantité de 1 C. à café environ.

❹ **Lavez et coupez le citron** en grosses rondelles, et déposez une rondelle au fond de chaque cocotte.

❺ **Répartissez les bâtonnets de légumes et déposez les morceaux de poisson** sur le dessus, parsemez de gingembre râpé.

❻ **Assaisonnez** de sel et de poivre, ajoutez 1 c. à soupe d'huile d'olive dans chaque cocotte et un peu de basilic ciselé, éventuellement un peu de piment d'Espelette, ou de zestes de citron.

Couvrez les cocottes et **enfournez à 200° pendant 20 mn environ.**

Cocotte panais & endives au Munster

les petites cocottes

Préparation : 15 mn
Cuisson : 15 mn

INGRÉDIENTS

❶ **Epluchez les panais,** lavez-les et coupez-les en 4 dans la longueur,

❷ **Supprimez** éventuellement le cœur fibreux.

❸ **Coupez-les en petits dés** (2 cm). Faites-les cuire dans l'eau bouillante salée et poivrée pendant 5 mn puis laissez-les s'égoutter dans une passoire.

❹ Coupez le pied sableux des **champignons,** puis nettoyez-les. **Coupez-les en très petits dés** (3 mm maximum).
Epluchez l'échalote et coupez-la très finement.

❺ **Lavez les endives,** effeuillez-les et coupez-les en fines lanières, arrosez-les du jus de citron.

❻ **Dans une poêle chaude sans matière grasse**, faites sécher les **champignons et l'échalote** en remuant souvent, à feu assez vif, pendant 5 à 6 mn. Poivrez.
Ecrasez grossièrement **les noisettes,** et ajoutez-les aux champignons pour les faire légèrement dorer (4 mn environ) puis stoppez la cuisson.

❼ **Coupez le Munster en 8** portions égales.

❽ Dans de grandes jattes (ou petits fait-touts individuels), répartissez un peu de mélange **champignons-noisettes,** placez ensuite les **endives effilochées, les panais et arrosez** d'un peu de **crème fraîche liquide.** Répartissez une nouvelle couche de champignons-noisettes, disposez les parts de Munster et saupoudrez de **cumin en poudre** (ou graines).
Enfournez les jattes à **200° pendant 15 mn environ.**
Vous pouvez servir dès la sortie du four.

les légumes qui présentent bien !

Certains légumes ne demandent qu'à être garnis, farcis, remplis de bonnes choses qui viendront en complément de leurs atouts naturels.
Encore une occasion de marier les goûts et les plaisirs, tout en concoctant des menus variés et colorés. Bien sûr il faut privilégier les légumes les plus frais possible ! Je vous déconseille de réaliser ces recettes avec des légumes surgelés...

c'est beau et on a moins de vaisselle!

CE QU'IL FAUT SAVOIR

EVIDER LES LÉGUMES AVEC UNE PETITE CUILLÈRE

RÉALISER UNE FARCE AVEC LA CHAIR DES LÉGUMES... ET PLUS SI AFFINITÉS

FARCIR CUIRE ET GRATINER

Paniers d'ARTICHAUTS aux champignons

L'artichaut fait partie des légumes les plus riches en prébiotiques, vous savez ces sucres qui stimulent la production des bonnes bactéries du tube digestif ! Il partage cela avec le topinambour, la chicorée, les salsifis, les oignons,... Pensez ainsi à soigner votre intestin et votre plaisir de table d'un seul coup ! Mozzarella, jambon cru, parmesan, complèteront le plat avec leurs protéines.

POIVRONS FARCIS poulet & courgettes

Le poivron rouge est un des légumes le plus riche en vitamine C et en caroténoïdes. Avec ses courgettes ce plat est un invité idéal pour les repas de l'été. Le quinoa ou le couscous apporteront un peu d'énergie, le poulet fournit les protéines. Bref chacun y met du sien !

AUBERGINES farcies

Voilà encore un bel exemple de plat méditerranéen. Par sa variété, son équilibre, sa modération le mode alimentaire méditerranéen est considéré par tous les nutritionnistes sérieux comme le régime idéal pour la santé. Il diminue le risque d'un grand nombre de maladies. Rien n'est en trop. La diversité fait le reste.

POTIMARRONS soufflés

Le potimarron est le légume le plus riche en bêta-carotène. C'est ce nutriment qui lui confère sa couleur orangée. Dans un environnement naturel cette molécule remplit merveilleusement toutes ses fonctions protectrices sur les cellules.

La belle quantité : 1 légume farci = 1 portion

La paresse a des avantages étonnants : elle nous conduit à remplacer assiettes et plats par le légume lui-même. Il devient ainsi le récipient idéal, véritable "couteau-suisse" multi-usages.
Quant à la quantité c'est le contenu des légumes qui donnera la juste proportion de la farce et donc du plat ! Oui, oui c'est très sérieux.

Quelle bonne farce !

Adapter la farce au légume choisi n'est pas une mauvaise idée.... Par exemple on choisira plutôt une farce à base d'agneau pour les aubergines, une farce à base de poisson pour les légumes très juteux Pour compléter et augmenter le volume d'une farce, vous pouvez ajouter quelques flocons de quinoa, source de protéines végétales.

Paniers d'artichauts aux champignons

INGRÉDIENTS

Préparation : 40 mn
Cuisson comprise

Al'dente!

Adaptez le temps de cuisson des artichauts selon leur poids, ils doivent rester un peu ferme, pour vous permettre de les découper facilement.
300 g = 20 mn de cuisson.

- 250 g de champignons de Paris
- ½ citron
- Parmesan râpé
- 4 petites tranches de jambon cru
- 4 artichauts type « Camus de 300 g chacun
- 200 g de Mozzarella au lait de bufflonne

+ 1/2 citron

❶ Rincez et **coupez la queue des artichauts.**

Citronnez la base et placez-les dans une grande casserole, recouvrez d'eau froide. Salez, ajoutez le ½ citron, couvrez, et **faites cuire pendant 20 mn.**

❷ Pendant ce temps, **nettoyez les champignons** et coupez-les en très petits morceaux.
Dans une poêle, **faites griller les champignons** à feu assez vif, sans ajouter de matière grasse (les champignons doivent sécher), pendant **10 mn** environ en remuant souvent. Poivrez généreusement.

❸ Coupez la mozzarella en tranches et le **jambon cru en fines lanières, rapez le parmesan.**

❹ Après cuisson, égouttez et **rafraîchissez les artichauts** sous l'eau froide. **Avec un couteau dentelé** (type couteau à pain), **coupez la partie haute** des artichauts, enlevez les feuilles plus fines du milieu, et **enlevez le foin** pour que le cœur d'artichaut soit visible.

❺ **Déposez** une couche de **champignons grillés dans chaque artichaut,** placez les lanières de jambon, remettez un peu de champignons et **couvrez avec la mozzarella.**

❻ Placez les artichauts **dans un plat allant au four,** et enfournez à 200° pendant 15 mn.
Servez ces **artichaut-paniers avec une salade mêlée** assaisonnée de vinaigre balsamique.

Poivrons farcis poulet & courgette

Préparation : 15 mn
Cuisson : 40 mn

INGRÉDIENTS

- 2 poivrons rouge (500 g)
- 200 g de coulis de tomates (maison ou en bocal)
- 2 petites courgettes
- 50 g de flocons de quinoa (ou graines de couscous crues)
- 250 g de filet poulet
- 1 oignon
- sel/poivre
- 1 gousse d'ail
- ½ C. à café de curcuma
- ½ C. à café de piment d'Espelette

La bonne farce!

Vous pouvez utiliser la même farce pour les tomates, les courgettes,etc.... N'hésitez pas à sortir le grand jeu des épices, pour pimenter un peu plus.

❶ Coupez le poulet en dès. **Lavez les poivrons**, coupez-les en 2, ôtez les graines et les membranes blanches.

❷ **Epluchez la courgette,** l'oignon et l'ail et coupez-les en très petits dés (à la râpe électrique vous obtiendrez un résultat plus homogène).

❸ Dans un bol, **mélangez les flocons de quinoa** (ou les graines de couscous) avec la moitié du coulis de tomates, laissez gonfler pendant quelques minutes.

❹ **Mixez les dés de poulet avec oignons et ail.** Mélangez le poulet, la courgette, les flocons de quinoa (ou couscous) et **ajoutez le reste du coulis de tomate,** le curcuma, salez et ajoutez le piment d'Espelette (ou poivre).

❺ Chiffonnez un **papier cuisson dans le fond d'un plat à gratin.**

❻ **Garnissez les 1/2 poivrons** avec la farce, saupoudrez d'un peu de **curcuma** et de piment d'Espelette puis disposez-les dans le plat à gratin.
Enfournez 35 à 40 mn à 200°.

Servez bien chaud avec un peu de riz blanc, et un coulis de tomates ou de poivrons.

Aubergines farcies

INGRÉDIENTS

Préparation : 30 mn
Cuisson : 10 + 15 mn

- huile d'olive
- 1 verre de lait
- 4 aubergines
- 1 boule de mozzarella
- 10 brins de coriandre fraîche
- 2 tomates
- 3 C. à soupe de pignons de pin
- un peu de parmesan râpé (facultatif)
- 1 oignon
- 1 œuf
- 3 ou 4 merguez (agneau ou bœuf/agneau)
- 2 gousses d'ail
- + 1 C. à soupe de cumin en poudre
- 80 g de pain rassis

Petit conseil

Vous pouvez réaliser la farce en mélangeant tous les ingrédients crus, (ail, oignon, tomates, chair de merguez, pain trempé, coriandre), puis farcir les aubergines.
Le temps de cuisson sera alors de 30 mn.

❶ **Lavez et équeutez les aubergines,** coupez-les en 2 dans le sens de la longueur, (ou coupez un chapeau si elles sont rondes).

❷ Déposez-les sur une feuille de papier cuisson et **enfournez-les à 200°, 15 à 20 mn.**

❸ Pendant ce temps **préparez la farce** : Epluchez et hachez les oignons et l'ail.
Lavez et effeuillez la coriandre, puis ciselez-la.
Faites **tremper le pain** rassis dans le lait.

❹ Coupez la peau des merguez pour **récupérer la chair dans un bol.**

❺ Faites blondir **les oignons** dans une poêle avec un filet d'huile d'olive, ajoutez **la chair des merguez,** le cumin et les **2/3 de la coriandre.**
Salez et poivrez légèrement (les merguez sont déjà assaisonnées) mélangez et laissez **cuire 10 mn en remuant** de temps en temps.

❻ **Sortez les aubergines** du four et laissez-les un peu refroidir, puis **prélevez la chair avec une petite cuillère.**
Dans un bol, battez l'oeuf, ajoutez le pain trempé, la chair des aubergines et **ajoutez l'ensemble** dans la poêle.

❼ **Remplissez les aubergines** avec le mélange, déposez **une rondelle de mozzarella,** disposez-les dans un plat, parsemez un peu de **parmesan râpé.** (Versez un peu d'eau au fond du plat pour que la préparation reste moelleuse)
Enfournez à 200° environ 15 mn.
Avant de servir, faites dorer les pignons de pins dans une poêle sans matière grasse, parsemez-en les aubergines avec le reste de coriandre hachée .

Potimarrons soufflés

les légumes qui présentent bien !

Préparation : 30 mn
Cuisson : 1h20

INGRÉDIENTS

- 4 petits potimarrons
- noix de muscade râpée
- sel/ poivre
- 20 cl de lait
- 3 C. à soupe de farine
- 70 g de gruyère râpé
- 3 oeufs
- 30 g de beurre

❶ Enlevez le chapeau des potimarrons. **Enlevez les graines** à l'intérieur. Disposez dans un plat et couvrez d'une feuille de papier aluminium.

❷ **Enfournez 1 h à 220°.** Retirez les potimarrons du four.

❸ Sortez les potimarrons du four et **videz-les à la petite cuillère** (sans percer la peau). Ecrasez la chair à la fourchette.

❹ Pour la béchamel : **faites fondre le beurre et ajoutez la farine.** Mouillez peu à peu avec le lait, salez, poivrez, et ajoutez la noix de muscade râpée. **Séparez les jaunes des blancs d'œufs.** Ajoutez les jaunes à la béchamel et mélangez. **Ajoutez la chair des potimarrons et le gruyère râpé.**
Battez les blancs en neige et incorporez-les délicatement dans le mélange.

❺ **Remplissez les potimarrons** du mélange, saupoudrez de muscade râpée. **Enfournez à 220°** (environ 20 mn) jusqu'à ce que les soufflés soient bien dorés.
Servez dès la sortie du four.

Idée : s'il vous reste un peu de mélange, faites-le cuire à part, dans un petit plat à gratin.

les plats uniques

Faciles à réaliser, faciles à présenter, faciles à partager... les plats uniques sont une très bonne solution pour préparer un repas sain et équilibré, à condition de ne pas avoir la main trop lourde sur les ingrédients. Sortez le marmiton, le faitout, la grande cocotte, préparez le bouillon de légumes, allongez la sauce, plongez la viande blanche, et régalez vous : le PLAT UNIQUE, il a TOUT COMPRIS.

CE QU'IL FAUT SAVOIR

CUIRE EN MÊME TEMPS LE POISSON ET SON ACCOMPAGNEMENT. QUEL GAIN DE TEMPS!

FAIRE UN BOUILLON «MAISON», C'EST LÉGER ET C'EST BON!

DANS 1 LTRE D'EAU : 1 OIGNON + 1 GOUSSE D'AIL +PERSIL + 1 TIGE DE CÉLERI+ SEL + POIVRE. CUIRE 15 MN

LE BOUQUET GARNI REMPLACERA LES CUBES DE BOUILLONS DÉSHYDRATÉS, SOUVENT TRÈS SALÉS.

HADDOCK aux lentilles et verdure

Le haddock n'est pas le plus connu des poissons. Raison de plus pour le cuisiner. C'est un poisson ferme, coloré, parfumé, bref un original comme son nom d'ailleurs, qui évoque aussi le capitaine !

Les feuilles de bettes et les épinards sont des sources étonnantes de nutriments précieux : la vitamine B9, tellement utile pour le cerveau, le sang, le système nerveux ; et la lutéine le micro-constituant privilégié du pigment maculaire, mais aussi du cerveau : même combat contre le déclin oculaire et cognitif lié à l'âge. Quant aux lentilles elles contiennent des protéines et du fer, plus que les épinards pour lesquels Popeye avait fait une erreur de virgule !

WATERZOI de volailles et légumes

Voilà vraiment une recette Ch'ti dont on peut être fier ! Elle a tout pour plaire. Ici elle tourne autour du poulet, là elle pourrait tourner autour du poisson. Avec un nom pareil, il y a de l'eau au menu, c'est le bouillon de légumes. Il faudra le boire plus tard car c'est lui qui a emmagasiné tous les minéraux.

Festival de légumes et boulettes de QUINOA

Le quinoa a bonne presse, à juste titre. Cette pseudo-céréale amérindienne a été appelée riz des Incas. Sa graine de millet, avec un léger goût de noisette est riche en protéines et en fer, mais insuffisamment pour remplacer les protéines et le fer de la viande. Il faudra donc la compléter : les pignons de pin sont là pour cela, même s'ils ne suffisent pas à équilibrer parfaitement la recette. Un bon plat végétarien où les légumes sont à l'honneur dans ce véritable festival. Festival vient de fête ne l'oubliez pas ! Tout repas devrait être une fête !

VEAU aux olives

Enfin un classique ! Le livre en manquerait-il ? Classique mais bon, et délicat.

La belle quantité

Tout y est. Il suffit de partager, ce qui est quand même le minimum quand on mange ensemble. Partage, rencontre, échange sont les valeurs de base du repas pris ensemble. Manger sert à cela ! En plus cela sert à nourrir plusieurs bouches. Mais comme chaque bouche à nourrir a des besoins différents, on répartit et on dose pour chacun : la bonne vieille méthode du plat posé sur la table.

On se ressert si l'on n'est pas rassasié, si c'est très bon, et s'il en reste !

EN FORME DE BOULETTES...

on penserait presque à des boulettes de viande, et pourtant....**vous surprendrez plus d'un amateur de viande** avec ces boulettes de quinoa, faites le test!

A LA LOUCHE...

1 LOUCHE = 1 PORTION.

Que votre plat présente une multitude de couleurs et de textures, ou qu'il soit présenté en bouillon, le service permettra de «doser» la quantité de nourriture.

Haddock poché aux lentilles & verdures

INGRÉDIENTS

Préparation : 1 H
Cuisson comprise

+ 20 cl de lait + 50 cl d'eau
+ sel + poivre

1 grosse tomate

250 g de verdures (feuilles de bettes ou épinards)

250 g de lentilles (vertes ou blondes)

2 C. à soupe d'huile d'olive

1 oignon

1 ou 2 clou de girofle

2 gousses d'ail

2 oeufs (facultatif)

2 feuilles de laurier + 1 bouquet de thym

4 pavés de haddock (sans peau)

❶ Dans un grand fait-tout, **faites cuire les lentilles 15 mn** dans l'eau bouillante salée avec l'**oignon** piqué du **clou de girofle** et une feuille de laurier. Egouttez-les et **rafraîchissez**-les après cuisson.

❷ **Faites pocher le haddock** (dans 50 cl d'eau + 20 cl de lait + 1 feuille de laurier + thym) **pendant 10 mn.**
Dans une petite casserole, faites **pocher les tomates** 3 mn dans l'eau bouillante, pour les peler facilement. Découpez-les en **petits cubes.**

❸ **Lavez les verdures,** coupez-les en lanières et **plongez-les 3 mn** dans l'eau bouillante puis **rafraîchissez-les.**

❹ **Epluchez l'ail** et coupez-le finement. Mélangez **l'ail, les dés de tomates et les verdures,** faites-les fondre ensemble à **feu doux 5 mn** dans un petit fait-tout, poivrez et **ajoutez** l'ensemble **aux lentilles cuites** et égouttées.

❺ Placez les morceaux de **haddock** pochés **au-dessus des lentilles,** arrosez-les d'un filet d'huile d'olive.
Couvrez le fait-tout et prolongez la cuisson de 15 mn.
5 mn avant de servir, réservez les morceaux de haddock dans une assiette, battez 2 oeufs en omelette, et mélangez délicatement aux lentilles, laissez cuire 1 mn et remettez les morceaux de haddock pour servir rapidement.

Waterzoï de volaille & légumes

Préparation : 20 mn
Cuisson : 40 mn

INGRÉDIENTS

- ½ céleri rave
- 2 navets (boule d'or)
- 1 oignon
- 4 filets de poulet
- 1/2 jus de citron
- sel/poivre
- 2 poireaux
- 2 jaunes d'œuf
- 6 carottes
- 300 g de champignons de Paris
- 2 branches de céleri
- 30 cl de crème fraîche allégée
- 1 C. à soupe de farine
- 1 C. à soupe de fécule de maïs (maïzena)
- thym, laurier, persil plat
- + ciboulette pour la déco

Le petit plus

Prévoyez de servir avec un peu de riz blanc, ou quelques petites pommes de terre, que vous aurez ajoutées au bouillon, à mi-cuisson.

❶ Faites chauffer **une casserole d'eau salée avec l'oignon,** 1 branche de **céleri**, 1 feuille de **laurier**, 1 brin de **persil**, et le **thym** jusqu'à ébullition, pour préparer **le bouillon**.

❷ Epluchez et lavez **les navets, les carottes, le céleri rave, les poireaux, les bâtons de céleri,** puis coupez-les en gros morceaux.

❸ Dans une grande cocotte **faites dorer rapidement des 2 côtés les filets de poulet poivrés** avec 1 C. à soupe d'huile, ajoutez 1 branche de thym. **Ajoutez les morceaux de légumes et arrosez tout de suite avec le bouillon.** Ajoutez quelques brins de persil, amenez à ébullition puis réduisez le feu, **couvrez la cocotte et laissez cuire 40 mn.** 10 mn avant la fin de cuisson débarrassez **les champignons** des pieds sableux, et rincez-les puis coupez-les **en lamelles.** Ajoutez-les sur le dessus du bouillon.

❹ Dans un bol, **mélangez les jaunes d'œuf avec la maïzena,** en ajoutant 1 C. à soupe d'eau froide, battez énergiquement.

❺ Dans une casserole à fond épais, **versez 30 à 50 cl du bouillon (que vous aurez prélevé de la cocotte poulet-légumes)** et laissez reprendre l'ébullition puis réduisez le feu.
Ajoutez le mélange oeuf-maïzena en battant énergiquement au fouet. Ajoutez la **crème fraîche,** fouettez et ajoutez le **½ jus de citron**, fouettez à nouveau. Vérifiez l'assaisonnement, puis stoppez la cuisson.
Dressez dans chaque assiette, **les légumes parsemés de persil et ciboulette ciselés,** le blanc de volaille, et la sauce. Le bouillon de légumes sera délicieux réchauffé, servi avec du pain grillé frotté d'ail.

Festival de légumes & boulettes de Quinoa

Variantes

Choisissez les légumes selon vos goûts et selon la saison.
Variez avec des carottes jaunes, petits pois, asperges, salsifis, panais etc...

POUR LES BOULETTES :

INGRÉDIENTS

Préparation : 40 mn
Cuisson comprise

❶ **Rincez le quinoa** à l'eau froide, égouttez et plongez-le dans une casserole d'eau froide non salée, **portez à ébullition pendant 10 mn,** puis égouttez- le (en mettant 1 papier absorbant au fond de la passoire).

❷ Pendant ce temps, **préparez les légumes** : équeutez, épluchez, lavez et **coupez les légumes** en bâtonnets de même taille.
Faites chauffer **une grande casserole** d'eau légèrement salée.
Plongez séparément chaque légume dans l'eau frémissante, et retirez-les avec une écumoire après 4 mn. **Plongez-les** rapidement dans **l'eau froide** pour stopper la cuisson. Quand tous les légumes sont cuits, disposez-les de manière harmonieuse **au fond d'un plat allant au four.**
Parsemez de poivre noir, et arrosez d'un trait d'huile d'olive.

❸ **Réalisez les boulettes : Nettoyez les champignons** et **hachez-les** très finement au couteau. Epluchez et hachez les échalotes. **Faites déssecher l'échalote et les champignons** dans une poêle sans matière grasse, **à feu vif 5 à 6 mn** (remuez pour que le fond n'attache pas !) L'ensemble doit être **bien sec.**
Faites légèrement griller les pignons de pin dans une autre poêle sans matière grasse : 2 à 3 mn en les remuant constamment. Quand ils sont dorés, **écrasez-les** grossièrement.

❹ **Mélangez les pignons de pin, les échalotes, le quinoa et les champignons,** ajoutez **les blancs d'oeuf** sans les battre, salez et poivrez, et **malaxez bien** pour obtenir une pâte onctueuse.
Formez des boulettes à la cuillère ou en roulant dans la main le mélange champignons-quinoa (ajoutez un peu de farine pour que les ingrédients se lient mieux.)

❺ Disposez les boulettes au dessus des légumes et **enfournez 8 mn à 180°.**
Chaque ingrédient ayant déjà cuit séparément, il s'agit simplement de chauffer le plat. Ne le laissez trop longtemps dans le four pour ne pas le déssécher.

Ragoût de veau aux olives & citrons confits

Préparation : 15 mn
Cuisson : 1h30

INGRÉDIENTS

Quelques citrons confits

200 g de pulpe de tomates (ou 3 belles tomates fraîches)

250 g d'olives vertes dénoyautées

huile d'olive

200 g de Panzetta (poitrine de porc fumée. spécialité Corse)

6 pommes de terres moyennes

3 feuilles de laurier

1 tête d'ail complète

1 oignon

1 bouquet de thym

400 g de viande de veau

Une recette Corse

Cette recette rappelle la Corse, idéalement réalisée avec du thym frais et des pommes de terre à chair ferme.

❶ **Séparez les gousses d'ail,** ne les épluchez pas.
Epluchez l'oignon et coupez-le en 4.

❷ Dans un grand faitout, **faites revenir les oignons et l'ail en chemise** avec un peu d'huile d'olive.

❸ **Ajoutez la Panzetta,** le laurier, le thym et laissez dorer quelques minutes en remuant.

❹ Coupez la viande en dés, passez rapidement **chaque morceau dans la farine** et ajoutez-les aux oignons.
Ajoutez la pulpe de tomates et les **citrons confits**, poivrez, remuez et couvrez d'eau à hauteur, **laissez mijoter 1 heure.**

❺ **Epluchez et lavez les pommes de terre,** coupez-les en 2.

❻ **Egouttez les olives.**
Ajoutez-les en même temps que les les pommes de terre dans le faitout, et **prolongez la cuisson** à feu doux **30 mn**.

avec les salades jamais malade

Laitue, romaine, endive, trévise, elles sont indispensables. On en trouve parfois une petite feuille au bord de l'assiette, pour la déco... mais la salade est inventive et nous permet de réaliser des plats complets.

CE QU'IL FAUT SAVOIR

Si la salade rime bien avec « jamais malade » cela ne veut pas dire nécessairement faible en calories. Mais la nutrition n'est pas synonyme de privation, la diététique est un art de vivre et la cuisine en est l'humble serviteur.

Salade CÉSAR

C'est la vedette Outre-Atlantique. Pas de restaurant aux USA, sans salade César à la carte. La preuve de son authenticité, c'est la salade croquante : voilà le vrai « truc » de la salade César. Mais le croquant c'est aussi les croutons. Avez-vous remarqué que les mots eux-mêmes sont croquants, comme **CR**oustillant, **CR**acker, **CR**acotte. Côté huile, puisque l'on parle salade, l'huile d'olive n'a pas le monopole, on peut la mélanger à de l'huile de colza par exemple, un bon tandem côté acides gras.

Salade de PÂTES aux HARICOTS VERTS

Voilà une salade où la salade est en minorité avec ses quelques feuilles de roquette ; mais il faut dire que cette dernière a du caractère !

Peu de personnes savent que refroidis après cuisson les glucides des féculents (riz, pomme de terre, pâtes en particulier) ont une structure qui change, ce qui abaisse nettement leur index glycémique. Peu aussi savent que le vinaigre ralentit également l'index glycémique des aliments auxquels il est associé. Bref l'idéal quand on veut limiter l'élévation de la glycémie et diminuer le risque de diabète.

Salade NEW WAVE

« Nouvelle vague », l'anglais est ici pour faire chic et branché.

Ça commence bien avec les cives : sur un micro trottoir 99% des personnes interrogées sont muettes sur la question : ces « oignons-pays » sont utilisées comme aromates dans les plats antillais. Radis noir, olives noires, câpres, sésame, salade côté végétal. Anchois doux à l'huile et thon rouge côté marin : tous deux des mines d'oméga 3. Petit bémol le thon rouge devient rare, n'en abusez pas, car il faut le protéger !

Salade de COULEURS D'AUTOMNE

Un vrai tableau d'artiste peintre pour ce plat végétarien. Le potimarron est de saison dans cette palette automnale. Il est riche en béta carotène et comme le pamplemousse il contient une multitude de polyphénols qui font le délice des chercheurs en nutrition, puisque l'on en dénombre plus de 8000 tous plus vertueux les uns que les autres pour notre santé.

LA VINAIGRETTE AUX FRUITS : TRÈS TENDANCE !

AVEC UN OEUF POCHÉ, ÇA CHANGE TOUT !

La belle quantité
présentez la salade dans des bols individuels,
1 bol = 1 portion

Ici elle ne sert pas de décoration. Oui ici on a renoncé aux offres de la nouvelle cuisine : vous savez cette cuisine où il n'y a rien à manger ; là où les épluchures de légumes, et les rondelles de carottes ou de concombre coupées en 4 font office de décor plus que de nourriture.

A toutes les sauces

la créativité, la couleur et la curiosité sont les ingrédients de base pour réaliser une vinaigrette originale.
Une dose de nectar de fruit (sans sucre ajouté), des huiles variées, des vinaigres racés, et hop! Chaque fois un goût nouveau pour réveiller une salade classique.

Ma salade César

INGRÉDIENTS

Préparation : 15 mn
Cuisson : 12 mn

- 10 cl de vinaigre d'alcool
- 1 salade croquante (type Romaine)
- 1 citron
- ½ verre de chapelure (ou 2 biscottes)
- 4 œufs
- 1 C. à soupe de moutarde
- 1 C. à soupe de paprika
- 2 C. à soupe de vinaigre balsamique
- 5 C. à soupe d'huile d'olive
- 4 C. à soupe de crème fraîche liquide allégée
- 20 g de parmesan râpé
- 20 g de copeaux de parmesan
- Un peu de pain rassis
- 1 échalote
- 2 filets de poulet

❶ **Pour la marinade :** pressez le citron ajoutez 4 C. à soupe d'huile d'olive et fouettez à la fourchette. Coupez les filets de poulet en longueur, et faites mariner 15 mn.

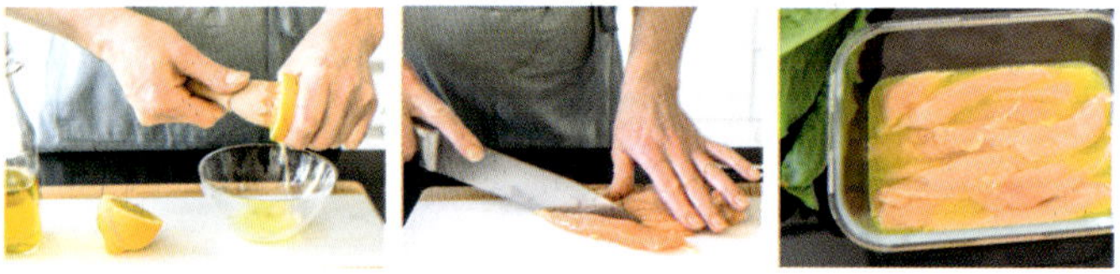

Pendant ce temps, lavez la salade, séchez-la et séparez les feuilles.

❷ **Pour la panure :** épluchez l'échalote et coupez-la finement. Mélangez paprika-échalote-chapelure (ou biscottes écrasées).

❸ **Sortez les filets de poulet de la marinade** et panez-les dans le **mélange biscotte-paprika**. Cuisez-les à feu vif dans une poêle bien chaude, pendant **5 mn** afin qu'ils soient bien dorés, puis prolongez la cuisson de **5 mn à feu plus doux** pour les cuire à cœur. Réservez-les dans une assiette, puis utilisez la même poêle pour faire dorer **les tranches de pain rassis** coupées en morceaux, avec 1 C. à soupe d'huile d'olive (le pain ne doit pas brunir trop).

❹ **Pour la sauce :** Mélangez 1 C. à soupe de moutarde avec 4 C. à soupe de crème fraîche liquide, 2 C. à soupe de vinaigre balsamique, 20 g de parmesan râpé (le mélange doit être crémeux).

❺ **Pochez les oeufs :** Préparez les feuilles de **papier absorbant** pliées dans une assiette, près de votre plaque de cuisson. Chauffez une casserole d'**eau non salée** dès la première ébullition, **ajoutez le vinaigre d'alcool.**

❻ **Cassez chaque œuf dans un ramequin (ou 1 verre).** Avec une fourchette, **créez un tourbillon dans la casserole** d'eau qui doit légèrement frémir (ne pas bouillir trop fort sinon le blanc ne sera pas compact). **Laissez tomber l'œuf dans le tourbillon**, laissez cuire 3 mn puis retirez l'œuf avec une écumoire , posez-le sur un papier absorbant. Répetez l'opération pour **cuire chaque oeuf séparément.**

Assemblez les feuilles de salade coupées, les croûtons, les filets de poulet grillés, la sauce, et décorez de copeaux de parmesan.

Salade de pâtes aux haricots verts

Préparation : 20 mn
Cuisson comprise

INGRÉDIENTS

- 2 C. à soupe de vinaigre balsamique
- 50 g de pignons de pin
- 5 brins de persil plat
- 50 g de copeaux de parmesan
- 250 g de haricots verts frais
- 300 g de pâtes
- 4 C. à soupe d'huile d'olive
- Quelques feuilles de roquette
- 150 g de Féta
- 1 gousse d'ail
- 6 fines tranches de Speck (spécialité italienne. facultatif)
- 200 g de tomates séchées

❶ Lavez et **équeutez les haricots verts.** Plongez-les 5 mn dans une casserole d'eau bouillante salée **avec la gousse d'ail épluchée et entière,** puis rafraîchissez-les immédiatement sous le jet du robinet, et laissez-les s'égoutter.

❷ Récupérez **la gousse d'ail cuite** et écrasez-la dans un peu d'huile d'olive. **Faites cuire les pâtes** (type penne) dans l'eau bouillante salée selon le temps indiqué sur l'emballage (pour qu'elles soient « al dente »).

❸ Pendant ce temps, **coupez les tomates séchées** en petits morceaux, et **lavez la roquette.** Préparez **les dés de féta.**
Lavez et effeuillez **le persil.**
Préparez la vinaigrette avec l'huile d'olive, le vinaigre balsamique, salez et poivrez.

❹ Si vous souhaitez ajouter du Speck sur la salade : faites griller les tranches de **Speck sur une feuille de papier cuisson** en les passant 4 mn sous le grill du four.

❺ **Dans un grand saladier** de présentation, assemblez **les haricots verts, la féta, les tomates séchées, le persil et l'ail** écrasé dans l'huile.
Parsemez de copeaux de parmesan et arrosez avec la vinaigrette.
Répartissez les tranches de Speck grillées, les feuilles de roquette et les pignons de pin.

Salade "New Wave"

Si vous utilisez des pavés de thon congelés, laissez-les décongeler à température ambiante, et coupez-les avant décongélation complète, ce sera plus facile.

INGRÉDIENTS

Préparation : 15 mn
Cuisson : 20 mn

❶ **Lavez la salade** et coupez-la en lanières que vous disposerez dans un grand saladier de présentation.
Lavez les **tiges de céleri et les cives** et coupez-les en tronçons.
Lavez **le concombre** et épluchez-le partiellement, puis coupez les rondelles.

❷ **Coupez le thon cru** en fines tranches.
Brossez le radis noir sous le jet du robinet, râpez-le à la mandoline (ou débitez-le en fin bâtonnets).
Lavez et **découpez les tomates** (quartiers ou rondelles).

❸ **Assemblez** les céleris, cives, tomates, concombres et radis, sur **le lit de salade,** puis le thon et les anchois.
Arrosez **d'huile d'olive et de vinaigre de pomme,** parsemez de graines de sésame, ajoutez quelques petites **olives noires,** les copeaux de parmesan et **les citrons coupés en quartiers.**

Juste avant de servir, vous pouvez ajouter 1 oeuf poché par personne. (pour pocher les oeufs : voir SALADE CESAR)

Salade de couleurs au potimarron

Préparation : 30 mn
Cuisson comprise

INGRÉDIENTS

- nectar de fruit
- 100 g de pousses d'épinard
- 1 petit potimarron (500 g)
- 1 pamplemousse rose
- + ½ verre de lait d'amande
- 1 endive
- 2 carottes
- 1 petite salade trévise
- 4 œufs
- 30 g de pignons de pin
- 80 g de noisettes
- 2 C. à soupe de flocons d'avoine
- 1 C. à soupe de graines de pavot

Vinaigrette

1 C. à café de moutarde.
4 C. à soupe d'huile.
2 C. à soupe de vinaigre de pomme.
10 cl de nectar de fruit (abricot par exemple).

❶ Faites cuire les **œufs durs** 10 mn dans l'eau bouillante non salée.

❷ **Lavez le potimarron,** coupez-le en 4, **enlevez les graines,** puis coupez-le en petits dés **sans l'éplucher.**

❸ Dans une casserole d'eau salée frémissante, **faites cuire les dés de potimarron** 10 mn environ (les dés doivent rester fermes), puis égouttez-les.

❹ Pelez le **pamplemousse** à vif (enlevez la membrane blanche en même temps que l'écorce), **séparez les quartiers .** Enlevez la fine peau avec la pointe d'un couteau. **Lavez** et équeutez les **pousses d'épinard**, lavez la trévise, égouttez et séchez.

❺ **Epluchez** et coupez les **carottes** en «tagliatelles» avec un économe. Coupez la trévise en lanières et les **endives** en **fines rondelles** (vous pouvez les citronner afin qu'elles ne s'oxydent pas).

❻ **Ecrasez** grossièrement **les noisettes**.

❼ Dans une poêle, **faites dorer les dés de potimarron** avec un peu d'huile, poivrez, laissez cuire quelques minutes puis **ajoutez les noisettes concassées.** Saupoudrez les flocons d'avoine, **arrosez avec le lait d'amande,** laissez cuire 3 mn à feu doux.

❽ **Ecalez les œufs durs** et coupez-les en 2.
Dans un grand plat de présentation, **répartissez les pousses d'épinard**, les endives, la trévise, les carottes, **disposez le potimarron** au milieu, parsemez les graines de moutarde, ajoutez quelques pignons de pin, et les œufs.
Mélangez les ingrédients de la vinaigrette et présentez-la dans un petit pichet.

les nouveaux ingrédients

C'est quoi ces graines? Quinoa, petit épeautre, farine de pois chiches, etc, mais comment ça se cuisine? Nouvelles FARINES, nouveaux LAITS , on fait quoi avec tout ça? Et si simplement, on renouvelait ses habitudes?

CE QU'IL FAUT SAVOIR

QUIONA CUIT

PETIT ÉPEAUTRE

Le risotto de quinoa

Il a encore la vedette le quinoa. C'est un bon plan car il plait toujours par sa légèreté et son originalité. Le lait de coco est riche en acides gras saturés plutôt digeste, (il est le le seul à avoir le droit avec le lait d'amandes de s'appeler lait, car riz, châtaigne, avoine et soja, sont des jus. Tous sont pauvres en calcium ; et pauvres en protéines (à part le soja). Mais ce sont des boissons agréables bien que peu nourrissantes.

La recette est ici, pour une fois, végétalienne : on pourra la compléter par des aliments sources de protéines animales.

Le riz Pulao aux légumes

Une autre recette végétalienne : elle est bourrée de qualités. Les protéines du riz basmati sont utilement complétées par celles des noix de cajou. Cela ne suffira pas à assurer tous les besoins nutritionnels : il faudra compléter au moins par un produit laitier. C'est un bon plat pour le repas précédent un effort sportif ; à condition d'en consommer une belle quantité.

Petit épeautre et endives en risotto

Le petit épeautre ou en grain fait partie des céréales rustiques apparentées au blé, avec le karmut, il contient donc du gluten. Le petit épeautre est en général très bien digéré et supporté. Le plat est odorant avec ses oignons rissolés, son vin blanc, ses zestes de citron et ses feuilles de coriandre…

Les crevettes permettent d'apporter les protéines. Le plat se suffit donc à lui tout seul.

Les panisses

Le mot lui-même est ensoleillé et fait penser au pastis, ou encore à Raimu ou Marcel Pagnol. De quoi se réjouir. La farine de pois chiches en est la base. L'autre recette fétiche des pois chiches est le Houmos libanais.

Voilà de belles façons d'utiliser cette légumineuse bien souvent oubliée ! Or les légumes secs sont d'excellentes sources de protéines végétales bénéfiques pour la santé métabolique et cardiovasculaire…Pourquoi s'en priver.

Ail et huile d'olive sont aussi des petits rayons de soleil nutritionnels et méridionaux.

Qualités nutritionnelles et bénéfices pour la santé

Non l'homme n'est pas un granivore, c'est un omnivore. Donc il peut manger des graines mais pas que ça, et pas trop ! Cependant certaines sont des petits trésors pour l'imagination des cuisiniers et le plaisir du palais.

Non le lait (de vache, de chèvre...) n'est pas détrôné car il est inégalé ! Mais en tant que boisson certains jus tentent de lui ressembler. Peine perdue côté nutrition et goût, mais essai réussi côté variété et diversité.

Commencez à introduire de nouveaux ingrédients dans vos recettes habituelles.

- Farine de maïs, petit épeautre, quinoa, farine de pois chiche etc…vous permettrons d'introduire simplement de nouvelles textures, en vous apportant de réels bénéfices nutritionnels.
- Le lait et jus végétaux, (coco, amande, épeautre, soja), vous permettront d'adapter vos recettes habituelles, d'en renouveler le goût, si vous souhaitez remplacer le lait de vache en réalisant une sauce béchamel pour vos gratins.
- Les légumes faciles à remplacer par exemple : le chou pak choi à la place des cotes de blettes, le chou chinois dans une potée, faire les frites avec des patates douces,

Le risotto de QUINOA

INGRÉDIENTS

Préparation : 25 mn
Cuisson comprise

1 C. à soupe de curry en poudre

15 cl d'eau

1 courgette bio

25 cl de lait de coco

250 g de quinoa

sel, poivre

1 poivron rouge

Basilic pourpre ou basilic vert, des arômes puissants pour révéler la douceur du quinoa.

❶ **Lavez et pelez partiellement la courgette** et coupez-la en petits dés.

❷ **Lavez le poivron,** ôtez les graines et **coupez-le en petits morceaux.**
Dans une poêle faites chauffer 1 C. à soupe d'huile d'olive et **faites revenir le poivron** pendant quelques minutes puis **ajoutez les dés de courgette.** Mélangez.

❸ **Lavez le quinoa à l'eau fraîche** dans un grand bol et égouttez-le (mettez un papier absorbant dans le fond de la passoire, les grains de quinoa sont très petits !)
Versez le quinoa dans la poêle, saupoudrez de curry, salez et poivrez, remuez puis mouillez avec l'eau.
Couvrez la poêle et laissez cuire à **feu doux pendant 5 mn.**

❹ Ajoutez la moitié du lait de coco, remuez et continuez la cuisson environ **10 mn.**
En fin de cuisson ajoutez le reste du lait de coco et mélangez bien.
Quand le quinoa est transparent, arrêtez la cuisson et servez en décorant de quelques feuilles de basilic.

Préparation : 25 mn
Cuisson comprise

Riz aux légumes façon "Pualo"

les nouveaux ingrédients

INGRÉDIENTS

- 2 C. à soupe d'huile d'olive
- 2 tomates (ou coulis de tomates)
- 50 g de raisins secs
- 2 gousses d'ail
- 1 bâton de cannelle
- 4 clous de girofle
- 10 graines de cardamome
- 300 g de riz basmati
- 150 g de petits pois (surgelés)
- 1 oignon rouge
- 100 g de noix de cajou
- 200 g de carottes
- 1 poivron rouge

Du goût et des couleurs

Un accompagnement coloré, ou un plat complet végétalien, le riz façon Pulao est un plat riche en goût, facile à conserver et à emporter au bureau.

❶ **Lavez les tomates et le poivron.**
Coupez le poivron en 2, enlevez les graines et les membranes.
Epluchez les carottes, l'ail et l'oignon.
Coupez les légumes en petits dés de 1,5 cm.

❷ **Ecrasez les graines** de cardamome.
Ecrasez grossièrement les noix de cajou.
Dans une sauteuse faites chauffer doucement l'huile **avec l'oignon, ajoutez les épices** (cardamome écrasée, clous de girofle, bâton de cannelle).

❸ **Ajoutez les raisins,** les noix de cajou concassées, mélangez puis **ajoutez l'ail,** les légumes et enfin le riz.
Versez 75 cl d'eau, salez, remuez.

❹ **Couvrez** et laissez cuire à jusqu'à **absorption complète de l'eau** (environ 15 mn à feu moyen).
Laissez reposer 5 mn avec le couvercle avant de servir.

Petite épeautre & endives en risotto

INGRÉDIENTS

Préparation : 10 mn
Cuisson : 20 mn

Petit conseil

Faire tremper le petit épeautre dans l'eau froide au moins 12 heures avant de le faire cuire (25 mn).
Il existe du petit épeautre précuit ou mondé, il ne nécessite pas de trempage, son temps de cuisson est de 25 mn.

❶ **Faites dissoudre le cube de bouillon** dans 50 cl d'eau chaude (**ou utilisez un bouillon "maison"**voir p. 51)
Epluchez et ciselez le ½ oignon, l'échalote, et les gousses d'ail.

❷ **Faites rissoler l'échalote et l'oignon** dans une casserole avec un peu d'huile. **Egouttez le petit épeautre que vous avez fait tremper,** et **ajoutez le à la casserole** quand les oignons sont devenus transparents.

❸ Remuez, et **mouillez légèrement avec le bouillon. Ajoutez l'ail.** Mouillez avec le **vin blanc,** remuez. **Continuez d'ajouter** petit à petit **le bouillon** de légumes, (le liquide doit être absorbé doucement par le petit épeautre) **pendant environ 10 mn. Couvrez** et laissez cuire à **feu doux 20 mn.**
Quand le petit épeautre est cuit, **ajoutez la crème fraîche** et mélangez. A ce stade, **ce plat peut être servi comme accompagnement,** comme un risotto traditionnel.

❹ **Lavez** et séchez **les endives,** puis après les avoir effeuillées, coupez-les en **fines juliennes.**

Si vous utilisez des crevettes congelées, plongez-les 3 mn dans une casserole d'eau bouillante légèrement salée, puis rafraîchissez-les.

❺ **Décortiquez les crevettes** et faites-les **dorer** dans une poêle avec un peu d'huile. Ajoutez les zestes de citron (ou la poudre d'écorce de citron), **l'aneth et le poivre.**

❻ **Ajoutez les endives,** remuez, laissez cuire à **feu doux 5 mn.**
Pour obtenir **un peu plus de sauce,** faites fondre un peu de crème fraîche (ou crème d'épeautre) dans le fond de la poêle et ajoutez **le petit épeautre en risotto.** Décorez de sauce et quelques **zestes de citron et de coriandre fraîche.**

Les Panisses

Préparation : 15 mn
Repos au frais : 1h
Cuisson : 15 mn

INGRÉDIENTS

Pour changer des frites

Un petit clin d'oeil au sud de la France, pour redécouvrir la farine de pois chiches. Les panisses s'accommoderont de toutes les salades, d'un filet d'huile d'olive et d'un trait de jus de citron...ça change des frites!

❶ **Faites chauffer l'eau** en ajoutant **le sel et la gousse d'ail entière** (sans l'éplucher).

❷ Quand l'eau est arrivée à ébullition, mettez la casserole **hors du feu** et jetez la farine de pois chiches **en pluie régulière,** en mélangeant bien avec une fourchette ou **un fouet.** Quand le **mélange est homogène, remettez** la casserole à chauffer à **feu doux,** et laisser **cuire 10 à 15 mn** en remuant régulièrement.

❸ **Après cuisson,** enlevez la gousse d'ail et **étalez la « pâte »** dans un plat à tarte, recouvrez-la d'un film alimentaire bien tendu puis **laissez reposer 1h** au réfrigérateur.

La pâte peut être conservée 2 jours au réfrigérateur, couverte d'un film alimentaire, il ne vous restera plus qu'à découper et poêler juste au moment de passer à table.

❹ Au moment de passer à table, **faites chauffer** une quantité suffisante **d'huile dans une poêle,** pour y **plonger** les pannisses. **Découpez les formes** dans la pâte, à l'emporte-pièce ou au couteau (ronds, triangles ou « frites») et faites-les rapidement griller (quelques mn sur chaque face).

❺ Servez les panisses **bien dorés**, avec une salade de jeunes pousses croquantes, ou en accompagnement d'un plat mijoté.
Découpés en petits morceaux, les panisses peuvent être servis en tapas, avec un coulis de poivrons ou de tomates bien relevés.

par ici la bonne soupe

Chaque saison a sa soupe : l'été pour se rafraîchir et se désaltérer, l'hiver pour se réchauffer. Toutes les idées sont simples à réaliser, mais s'il suffit de quelques légumes, un fait-tout, et un peu d'eau, la créativité est sans limite pour qui aura un peu d'audace Choix du légume, herbes de saison, épices sélectionnées, et pourquoi pas, additionner du jus de pommes à l'eau de cuisson, pour un petit goût acidulé qui vous surprendra. On n'hésitera pas à en faire un repas complet.

CE QU'IL FAUT SAVOIR

Qualités nutritionnelles et bénéfices pour la santé

C'est le chouchou des nutritionnistes. Elle hydrate et nourrit à la fois. C'est un condensé de minéraux potassium, magnésium, et autres « um », mais aussi de fibres. Bref une façon idéale de manger (et de faire manger des légumes aux enfants).

MINESTRONE d'hiver

Voilà le modèle de soupe « complète ». Pas parfaite, mais complète : la soupe qui nourrit et remplit avec ses légumes secs, haricots blancs et rouges, les meilleures sources de protéines végétales. Quand on la boit en fait on mange ! Et quand on la mange en fait on boit ! Cette soupe végétalienne idéale est consistante et rafraichissante à la fois, idéale pour l'hiver, car notre corps à ce moment-là, a besoin de chaleur.

Un plat qui se déguste à petites lampées.

N'oubliez pas de bien faire tremper les haricots la veille, ou de les cuire en 2 fois, pour qu'ils « passent » bien.

Soupe de LENTILLES CORAIL au lait de coco

La lentille corail est une lentille qui se fait remarquer. D'origine indienne, elle est rose ou rouge lorsqu'elle est crue, car elle est décortiquée. De ce fait elle ne possède pas d'enveloppe, elle est donc particulièrement bien supportée sur le plan digestif. Elle ne nécessite pas de trempage. Comme toutes les lentilles c'est une excellente source de protéines végétales, de fer, de magnésium.

Cette belle recette végétalienne pourra être complétée par des aliments d'origine animale, des produits laitiers notamment.

Soupe de POIVRON au jus de pomme bio

C'est LA soupe pour surprendre, voire pour épater. Avec le risque de ne pas plaire à tout le monde.

La patate douce ou le potiron donnent de la consistance et du béta carotène. Le poivron est riche en vitamine C. Le jus de pommes est une source majeure de polyphénols. Choisissez un jus de pomme bio, de qualité, issu de pommes parfaitement conservées. Le fenouil donne un petit goût d'anis. Côté goût c'est une explosion.

Soupe de CHÂTAIGNES aux navets

Voici une soupe rustique ! On la croirait directement sortie du Moyen âge . Châtaignes, sauge, navets...plutôt une allure pauvre ! Mais le piment d'Espelette lui donne un petit air noble. Les châtaignes sont une source de glucides et peuvent remplacer d'autres féculents comme la pomme de terre. Quant aux autres ingrédients : que des légumes pauvres en calories et riches en fibres et minéraux. On dit 5 portions de fruits et légumes par jour. Ici c'est largement une portion. Un bon point !

UNE CUISSON SANS MATIÈRE GRASSE, QUI RESTITUERA L'ESSENTIEL DES QUALITÉS NUTRITIVES DES LÉGUMES.

POUR LE SOUPER, JUSTE UNE SOUPE... ET DU PAIN PERDU AU FROMAGE.

LES HARICOTS AZUKI, C'EST PETIT, ÇA CUIT PLUS VITE!

DU JUS DE POMMES DANS MA SOUPE???

La belle quantité c'est l'assiette.

Quand elle est complète, la soupe n'est pas seulement un aliment, c'est un plat, parfois même c'est un repas. Quand c'est un plat la ration c'est l'assiette. On peut en user et en abuser... ou presque.

Deux assiettes pour les gourmands assoiffés, cela passe, et c'est même bien pour la maîtresse de maison

Toujours avoir sous la main :

le fait-tout et son couvercle bien sûr et quelques jolis bols, et pourquoi pas la soupière de Mamie. Côté légumes, vous avez le choix, et pour renouveler un peu la SACRO SAINTE soupe aux légumes, essayez d'ajouter quelques épices, donnez de la consistance avec quelques flocons de quinoa, et ajoutez un peu de lait (végétal si vous voulez) pour adoucir la texture.

Minestrone d'hiver

INGRÉDIENTS

Préparation : 20 mn
Cuisson : 20 mn

250 g de potimarron
2 tomates
80 g haricots blancs secs
80 g haricots rouges secs (azuki)
2 tiges de céleri
1 oignon
2 pommes de terre
2 carottes
2 gousses d'ail
1 bouquet de persil
80 g de Parmesan râpé
+ hule d'olive sel + poivre

Le trempage express

La veille, faites tremper les haricots dans l'eau froide.
Si vous avez oublié le trempage: plongez les haricots dans une casserole d'eau froide, laissez bouillir 15 mn. Stoppez la cuisson et laissez reposer 10 mn, égouttez puis faites cuire une 2eme fois, 30 mn: (La cuisson en 2 fois, dans 2 eaux différentes permet d'éliminer les substances indigestes.)

La saison des tomates est terminée? Utilisez un bocal de tomates pelées bio.

❶ **Plongez les haricots blancs dans une casserole** d'eau froide salée, portez à ébullition, stoppez la cuisson, puis laissez reposer 15 mn. **Egouttez** et rincez.

❷ Pendant le temps de repos des haricots, **taillez le potimarron (sans l'éplucher)** en gros dés. **Pelez les pommes de terre,** lavez-les et coupez-les en morceaux. **Rincez les tiges de céleri** et débitez-les en morceaux en enlevant éventuellement les fils. **Epluchez les carottes,** lavez-les et coupez-les en rondelles.
Pelez et **émincez l'ail et l'oignon,** et faites-les « suer » dans une cocotte avec 1 C. à soupe d'huile d'olive.

❸ **Ajoutez le potimarron,** les tomates, les pommes de terre, les haricots **rouges et blancs**, les céleris, les carottes, et quelques feuilles de persil émincées. Couvrez les légumes d'eau. Après 5 mn de cuisson, vous pouvez **enlever la peau** des quartiers de **tomate**.

❹ Salez et poivrez selon votre goût, **couvrez la cocotte et laissez cuire à feu doux 50 mn** environ (les haricots doivent être tendres). ***Servez sans mixer,*** *en proposant un bol de persil émincé et un bol de parmesan râpé ou en copeaux.*

Préparation : 20 mn
Cuisson : 15 mn

Soupe de lentilles corail au lait de coco

par ici la bonne soupe

INGRÉDIENTS

Petit conseil

Ce potage à la robe si tendre, saura prendre plus de caractère accompagné de coriandre fraîche, ou un peu plus de curry. L'utilisation du lait de coco rendra ce potage encore plus doux, une pincée de gingembre en poudre sera la bienvenue. Il peut être servi avec des lanières de saumon fumé, ou du pain perdu au chèvre (voir chapître "Récup")

Servez en proposant un peu de crème fraîche ou du yaourt de brebis, avec quelques feuilles de coriandre fraîche, des tranches de pain grillé ou pourquoi pas un peu de saumon fumé.

❶ **Lavez les tomates,** découpez-les en très petits morceaux.

❷ **Epluchez l'oignon et l'ail,** hachez-les finement. Faites-les revenir à **feu doux** dans un fait-tout assez haut, avec 1 C. à soupe d'huile d'olive

❸ Concassez les **graines de coriandre** et jetez-les dans la sauteuse.

❹ **Ajoutez les tomates**, et laissez fondre doucement, puis saupoudrez le curry. Pressez **le jus d'1/2 orange** directement dans la sauteuse pour "déglacer" le fond.

❺ Remuez, puis **ajoutez les lentilles.** Salez. Poivrez.

❻ Mouillez avec **le lait de coco** ou d'amandes, puis allongez avec **½ litre d'eau chaude.**
Couvrez et laissez cuire **15 mn, mixez et servez.**

Soupe de poivron au jus de pomme bio

Petit conseil

Ce potage au goût très original peut également être réalisé en remplaçant la patate douce par du potiron. Il peut être servi avec du pain perdu au bleu (voir chapître «Récup' et petits riens»).

INGRÉDIENTS

Préparation : 10 mn
Cuisson : 25 mn

- 1 L de jus de pommes bio
- 1 patate douce
- 3 poivrons rouges
- 1 gros bulbe de fenouil
- + sel + poivre du moulin ou piment d'Espelette
- ½ C. à café de curry
- 1 C. à soupe d'huile d'olive

❶ **Lavez les poivrons,** coupez-les en 2 pour ôter les graines, et coupez-les en fines lanières.

❷ **Lavez le bulbe de fenouil,** coupez-le en 2, supprimez la base puis coupez-le finement. **Pelez la patate douce** et coupez-la en dés.

❸ Faites chauffer l'huile dans une cocotte, **faites fondre doucement les poivrons** en remuant régulièrement pendant 3 à 4 mn.

❹ Ajoutez la patate douce puis le fenouil, le **curry**, le sel, et le poivre, **laissez chauffer doucement** en remuant pendant quelques minutes.

❺ **Arrosez de jus de pomme** puis couvrez la cocotte.
Laissez mijoter pendant **25 mn**, puis mixez. Si les peaux du poivron ne sont pas bien mixées, n'hésitez pas à passer le potage dans un **tamis**.

Soupe de châtaignes aux navets

par ici la bonne soupe

Préparation : 10 mn
Cuisson : 30 mn

INGRÉDIENTS

- 150 g de champignons rosés (facultatif)
- 1 verre de lait d'amandes
- 30 g de flocons de quinoa
- 4 feuilles de sauge fraîche
- 1 pincée de piment d'Espelette.
- + sel + 1 L d'eau

- 300 g de châtaignes en bocal
- 2 bâtons de céleri
- 1 kg de navets (roses et boule d'or)

Un peu d'histoire

Inspirée d'une recette de purée de châtaignes du Moyen Age, vous l'assaisonnerez à votre convenance, de poivre noir, blanc, ou de piment d'Espelette. De texture généreuse, ce potage se déguste avec un peu de pain grillé tartiné de fromage « bleu », ou avec les pains perdus au bleu (voir chapître «Récup' et petits riens»).

❶ **Epluchez et lavez les navets** et coupez-les en 4.

❷ **Lavez et effilez** le bâton de céleri, coupez-le en tronçons. Dans un grand faitout, **faites rissoler les navets** avec 1 C. à soupe d'huile.

❸ **Ajoutez les feuilles** de sauge, poivrez (ou saupoudrez de piment d'Espelette) et laissez dorer quelques minutes.

❹ **Ajoutez le lait** d'amandes, remuez, ajoutez les châtaignes, et le céleri.
Salez et mouillez avec 1 litre d'eau chaude.
Saupoudrez de **flocons de quinoa** et couvrez, **laissez cuire 30 mn** à feu moyen.

❺ Pendant ce temps, nettoyez les champignons, et coupez-les en lamelles. Faites-les griller à la poêle en poivrant généreusement. Après cuisson, **mixez la soupe.**
Servez dans les bols en disposant les champignons grillés sur le dessus et quelques croûtons tartinés de fromage "bleu".

récup et petits riens

Il est toujours dommage de jeter la nourriture.... restes de légumes cuits, fromages entamés, restes de viande cuite, pain rassis... En bouchées, en tarte, en galettes, en pains perdus etc...les petits riens ne sont pas perdus pour tout le monde !

CE QU'IL FAUT SAVOIR

DU PAIN RASSIS?

DES RESTES DE FROMAGES?

DES RESTES DE POULET?

PETITES BOUCHÉES aux légumes

Des légumes mais pas que !

Dans ces petites bouchées en forme de galettes : on y trouve aussi des œufs, de la maïzena, de l'huile d'olive, de la crème fraîche , le tout complété de gruyère râpé.

Si les arachides (cacahuètes) sont une solution de facilité, elles sont incroyablement moins satisfaisantes que ces bouchées de légumes qui permettent de troquer calories vides contre éléments nutritifs variés!

CRAQUANTS de poulet aux lentilles

Les lentilles, longtemps déconsidérées et malmenées dans les cantines de France et de Navarre, reviennent en force. Parfois qualifiées de viande du pauvre, elles présentent 20 à 25% de protéines pour 100 g de produit sec, (elles battent presque le record), mais on vous conseille de ne pas les manger « sec ». Après réhydratation les lentilles comptent 8 à 9 g de protéines/100 g. Petit réservoir de fer également. L'idéal pour les lentilles c'est donc de les associer à des protéines animales dont on peut alors réduire la quantité ! D'où les restes de poulet. Poivrons, ail, oignon, curry, curcuma tout cela fleure bon.

PAINS PERDUS aux fromages

Le grand classique des restes. Succès assuré pour les enfants. Pains, rassis de préférence ! Lait, œufs, voilà la base ! Ensuite vous variez les fromages et donc les plaisirs, pourquoi pas avec quelques pignons de pin. Côté nutrition, nourrissant et réjouissant, mais pas le modèle d'équilibre cependant. La très bonne idée est de servir ces pains perdus avec une soupe, une salade ou un fruit.

TARTE multi fromages à l'endive

Les produits laitiers sont une mine d'or sur le plan nutritionnel. Les fromages sont un concentré de protéines (animales) d'excellente qualité et de calcium, mais mieux vaut ne pas en abuser car il sont également riches en lipides.

la deuxième vie des bons petits plats

Quand il en reste, plusieurs possibilités s'offrent à nous : on finit, quitte à sur-manger et donc à trop manger ! On jette en fermant les yeux sur le gaspillage. On met au compost s'il y en a un ou aux poules... ! Mieux on recycle en récupérant. Et s'il n'y a pas assez avec cette récup, on complète pour atteindre la bonne quantité.

LA BONNE CONSERVATION

On peut presque tout recycler dans la cuisine, à condition de bien conserver les aliments au frais.

L'idéal est de conserver chaque aliment séparément, dans de petits récipients de verre avec couvercle, ou recouvert de film alimentaire.

IDÉE : La coriandre fraîche peut être lavée et effeuillée, puis conservée dans un sachet hermétique au congélateur. Vous pourrez ainsi l'utiliser facilement pour vos cuissons (vous ne pourrez pas les utiliser pour la déco, car le séjour en congélateur les aura un peu flétries).

Petite bouchées aux légumes

INGRÉDIENTS

Préparation : 15 mn
Cuisson : 15 mn

Petit conseil

Prévoir des moules souples pour faire cuire les bouchées. Vous pouvez préparer ces boulettes avec des légumes déjà cuits au bouillon s'ils ne sont pas trop ramollis. Dans ce cas commencez à l'étape 4.

1 verre de petits pois surgelés
½ courgette
1 C. à soupe d'huile
1 C. à soupe de crème fraîche épaisse
2 œufs
persil et ciboulette
quelques pousses d 'épinards (ou autres verdures)
quelques bouquets de brocolis
50 g de gruyère râpé
1 carotte 1 échalote
½ poivron
20 g de farine
30 g de Maïzena
+ 1 verre de lait d'amande + sel + poivre + 1 C. à café de curcuma + ½ C. à café de piment d'Espelette

❶ **Lavez et préparez tous les légumes** ensemble en les coupant **en très petits morceaux,** si vous disposez d'un robot vous pouvez aussi les mixer rapidement (attention à ne pas en faire de la purée).

❷ Faites chauffer une casserole, avec le lait d'amande + 1 verre d'eau + le curcuma :

❸ Plongez les légumes pour les cuire légèrement, **4 mn à feu doux.** Retirez les légumes avec une écumoire.

❹ **Battez les œufs en omelette** avec le piment d'Espelette. **Mélangez la maïzena** avec un peu d'eau froide et fouettez vivement pour ne pas faire de grumeaux, puis **versez dans les œufs battus. Ajoutez** 1 C. à soupe d'huile d'olive et la crème fraîche.

❺ **Ajoutez les légumes** à cette pâte, puis le **gruyère râpé**, mélangez bien avant de remplir les moules.

❻ Posez les **moules souples**, **sur la grille** du four, remplissez-les de pâte.

❻ **Faites cuire à four moyen** (180°) pendant **15 à 20 mn** (selon la dimension de votre moule).

Laissez refroidir avant de démouler. Servez les petites bouchées en tapas, ou en accompagnement d'une viande blanche.

Craquants de poulet aux lentilles

Préparation : 25 mn
Cuisson comprise

INGRÉDIENTS

- 150 g de lentilles
- 10 cl de lait d'amandes
- poivrons rouges pelés en bocal (200 g)
- 4 C. à soupe de chapelure
- 300 g de restes de poulet rôti
- quelques pousses d'épinards
- 1 oignon
- 2 gousses d'ail
- 2 C. à soupe de curcuma
- 2 C. à café de curry

Conseil de présentation

Un plat complet avec quelques restes de poulet rôti! Une sauce au yaourt et à la menthe ajoutera saveur et fraîcheur. Servez les lentilles à part, les craquants de poulets seront mangés avec les doigts... les fameux "dips".

❶ **Faites d'abord cuire les lentilles** dans 5 fois leur volume d'eau salée avec 1 C. à café de **curry**, pendant **15 mn**.
Epluchez et **coupez l'oignon** très finement. Egouttez et coupez les **poivrons**.

❷ **Découpez les restes de poulet** en dés, s'ils sont un peu secs, trempez-les dans un peu de lait, et saupoudrez de curcuma et de curry.

❸ **Préparez la chapelure à l'ail :** épluchez l'ail et coupez-le très finement, mélangez l'ail et la chapelure dans une assiette.

❹ **Roulez** les morceaux de **poulet** dans la chapelure à l'ail.

❺ **Faites revenir l'oignon** dans une poêle chaude avec un peu d'huile d'olive, **ajoutez les miettes de poulet,** quand elles commencent à dorer, saupoudrez encore de chapelure, **laissez griller 3 mn** en remuant et stoppez la cuisson, réservez dans un saladier.
Egouttez les lentilles après cuisson, et rincez-les à l'eau fraîche.

❻ Faites chauffer les lanières de **poivron dans une poêle,** quand la poêle est bien chaude, **arrosez** les poivrons **de lait d'amande,** puis **ajoutez les lentilles.** Laissez cuire **10 mn** à feu doux.
Servez en disposant les craquants de poulet sur les lentilles et quelques pousses d'épinards ciselées.

Pains perdus aux fromages

INGRÉDIENTS

Préparation : 10 mn
Cuisson : 10 mn

Le bon geste

Le principe est celui du pain perdu que nous connaissons tous. En prenant soin de ne pas trop mouiller le pain, (afin qu'il se tienne bien au moment de le servir), il suffit de le garnir de fromage et de graines, en jouant sur les arômes et les goûts variés des fromages.

PAIN PERDU au BLEU

❶ **Ecrasez le fromage** bleu à la fourchette, ajoutez les **pignons de pin** écrasés.

❷ Dans une assiette creuse, **battez les œufs** en omelette, salez et poivrez.

❸ Mettez **le lait dans une 2ème assiette** creuse.
Trempez successivement les morceaux de pain **dans le lait** puis **dans l'omelette.**

❹ Placez les morceaux de pain trempés dans **un plat allant au four**.

❺ **Garnissez** de fromage et de quelques pignons de pin, **enfournez 10 mn à 200°**, terminez éventuellement la cuisson par quelques minutes sous le grill.

Pain perdu au CAMEMBERT

100 g de camembert
1 C. à soupe de graines de cumin.
Déposez de fines tranches de camembert sur les morceaux de pain trempés, saupoudrez de graines de cumin et enfournez 10 mn à 200°.

Pain perdu au CHEVRE

100 g de fromage de chèvre (bûche) / Poivre noir / figues fraîches
Déposez de fines tranches de fromage de chèvre sur les morceaux de pain trempés, ajoutez quelques morceaux de figue fraîche, saupoudrez de poivre noir et enfournez .

Pain perdu au CHEDDAR

100 g de CHEDDAR jeune
2 C. à soupe de moutarde à l'ancienne
tartinez les morceaux de pain de moutarde à l'ancienne, avant de les tremper dans le lait et l'omelette. Garnissez de cheddar et enfournez.

Tarte multi-fromages & endive

Préparation : 30mn
Cuisson comprise

INGRÉDIENTS

1 pâte brisée (ou feuilletée)

300 g de fromages différents
+ ½ bûche de chèvre

2 C. à café de graines de cumin
+ cumin en poudre

10 cl de lait

2 C. à soupe de farine

2 C. à soupe de ricotta

3 œufs

1 endive

+ sel + poivre du moulin

Quels fromages choisir?

3 fromages différents parmi: gruyère, mimolette, parmesan, cheddar, fromages persillés (bleu, vache ou brebis), maroilles... choisissez des fromages de différentes pâtes, molles ou cuites.

❶ **Sortez la pâte du réfrigérateur** pour la mettre à température ambiante.

❷ Déroulez la pâte dans le plat à tarte en laissant le papier. Faites **précuire la pâte** 10 mn à 180° en piquant le fond avec une fourchette.

❸ Débarrassez **les morceaux de fromages** des parties séchées et râpez-les avec un robot, coupez le chèvre en rondelles.

❹ Dans un grand saladier, **battez les œufs en omelette** très mousseuse, ajoutez le lait, la ricotta, **tamisez la farine.** Poivrez, salez légèrement, ajoutez un peu de cumin en poudre, mélangez bien et ajoutez les **fromages râpés.**

❺ Sortez la pâte du four.
Répartissez le mélange aux fromages sur le fond de tarte. Saupoudrez de **graines de cumin** et décorez de quelques feuilles d'endives lavées et séchées, de gruyère râpé ou de rondelles de fromage de chèvre et **enfournez 15 à 20 mn à 180°.**

Index des recettes

INDEX

Tous les ingrédients utilisés dans

Les légumes et fruits

Les légumes et fruits

es recettes... pour manger moins de viande

Les ingrédients d'origine animale

les ingrédients origine végétale

DE BONNES BASES

1 protéine + 1 légume + 1 saveur + 1 texture : composez «VOTRE PLAT MAISON »

Les protéines végétales +

Dans les grains

Boulgour
Epeautre
Graines de Lin
Graines de Moutarde
Graines de Pavot
Graines de Sésame
Graines de cumin
Quinoa
Riz
Semoule de blé entier
Orge

Dans les légumineuses

Fèves
Haricots (blancs, rouges, borloti, azuki)
Lentilles
Pois chiches
Pois cassés

Dans les graines germées

Les légumes et fruits +

Artichaut
Aubergine
Avocat
Blettes
Brocoli
Carotte
Céleri
Champignon
Choux
Choux de Bruxelles
Cotes de Blettes
Courges courgettes
Epinard
Fenouil
Haricots verts
Navets
Panais
Patate douce
Pois
Poivron
Potimarron
Pomme de terre
Salades
Tomate...............etc

Les aliments de saveur +

Assaisonements

Huile de tournesol
Huile d'olive
huile de colza
Huile de noix
Huile de noisette
vinaigre balsamique
Vinaigre de riz
vinaigre de pomme
moutarde
Ail
Oignon
Echalote

Herbes

Aneth
Basilic
Câpres
Ciboulette
Citronnelle
Coriandre
Laurier
Menthe
Thym
Persil
Romarin
Sauge

Epices

Cumin
Curry
Curcuma
Piment d'Espelette
Poivres

Les aliments de texture

Amande
Cacahuète
Châtaigne
Flocons de quinoa
Flocons d'avoine
Noix
Noisette
Pignons de pin
Pistache
Sésame

Crème de coco
Lait de coco
Lait de soja
Lait d'amande
Miel

Féta
Fromage
Tofu
Yaourt

Farine de maïs
Farine de pois chiche
Farine de riz

Boulgour
Avocat
Huile d'Olive
Persil
Yaourt

Docteur Jean Michel Lecerf
Service de Nutrition
Institut Pasteur de Lille

Que m'apportent les protéines ?

Leur rôle: Nul ne peut s'en passer, car elles permettent la fabrication de nos propres protéines constitutives de tous nos tissus (muscles, os, cœur, foie, rein ...). Elles sont constituées de petites unités appelées acides aminés. Grâce à notre code génétique, après les avoir absorbées dans le tube digestif, nous synthétisons de nouvelles protéines. Lorsque l'on en manque cela conduit tout droit à la dénutrition.

Les protéines animales et les protéines végétales. Pour être correctement assimilées et efficaces, les protéines alimentaires doivent contenir en bonne proportion les 8 acides aminés essentiels, c'est le cas des protéines animales (œuf, viande, poisson, produits laitiers). Mis à part le soja les protéines végétales n'ont pas cette composition idéale. Mais si l'on associe les protéines des céréales et des légumineuses, leur complémentation est parfaite.

Une journée équilibrée (en pourcentage des calories ... Elle doit apporter 12 à 15 % de protéines soit environ 70 grammes / jour 50% de glucides soit environ 250 grammes / j et 35 à 38 % de lipides soit 70 à 80 grammes par jour. Auxquels il faut rajouter l'eau, les fibres et les micronutriments (vitamines, minéraux). La variété alimentaire permet d'y parvenir.

Les céréales et apparentés

Glucides
Protéines
Fibres

Huiles

Vitamines
Lipides

Graines et oléagineuses

Lipides

Légumineuses

Protéines
Fibres

Moutarde

Lipides

Oléagineux

Lipides
Protéines

Les fruits

Vitamines
Glucides
Eau
Fibres

Produits laitiers

Protéines
Lipides
Calcium
Lactose

Epices

Polyphenpols

Flocons et céréales

Glucides
Fibres

Les légumes

Vitamines
Eau
Fibres

Farines

Glucides

Découvrez toutes les publications D'Arnold & Annabelle

ISBN 978-2-9529842-0-1

100 RECETTES POUR UNE CUISINE SIMPLE ET SAINE AU QUOTIDIEN.
Poireau, Asperge, Epinard, Carotte, Fenouil, Navet, Chou, Tomate...
20 légumes les plus courants qui n'auront plus de secret pour vous, même si vous n'y connaissez rien en cuisine!

ISBN 978-2-9529842-2-5

100 RECETTES FRUITEES POUR METTRE LES FRUITS À TOUTES LES SAUCES!
Banane, Pêche, Framboise, Pomme, Ananas, Citron, Prune, Poire...
Pour consommer des fruits frais au quotidien sans se prendre la tête et sans se ruiner.

ISBN 978-2-9529842-9-4

104 PAGES D'IDEES ORIGINALES AVEC LES AUTRES LEGUMES: ceux que l'on n'ose pas acheter, ou que l'on ne sait pas préparer.
Redécouvrez les Betteraves, les Fèves, le Céleri branche, le Pâtisson....et aussi les herbes et les légumes secs.

Les auteurs remercient tout particulièrement le Dr J.M Lecerf, du service Nutrition de l'Institut Pasteur de Lille, qui a encouragé la création de ces livres, et apporté son concours pour les contenus d'informations nutritionnelles.

ISBN 979-10-91872-05-8

LA VRAIE CUISINE POUR LES ENFANTS EXPLIQUÉE PAS à PAS!
96 pages d'idées originales et d'astuces gourmandes pour transmettre à vos enfants le plaisir de manger sain, en préparant soi même de vrais repas!
à partir de 6 ans.

ISBN 979-10-91872-01-0

LA CUISINE PLAISIR ADAPTÉE AUX CONTRAINTES DES DIABÉTIQUES.
Un véritable guide au quotidien pour toute personne qui a besoin d'être guidée vers une cuisine équilibrée, abordable et raisonnée.

ISBN 979-10-91872-06-5

88 PAGES POUR REDUIRE LA VIANDE DANS NOS MENUS EQUILIBRES ET GOURMANDS.
12 chapitres et 50 recettes originales pour découvrir les nouveaux ingrédients. Des idées originales pour manger mieux au quotidien.

Editions CHRONOPRINT
www.leslegumesfrais.fr